出三藏记集

中国佛学经典宝藏

98

吕有祥 释译

星云大师总监修

人民东方出版传媒

东方出版社

图书在版编目（CIP）数据

出三藏记集 / 吕有祥 释译 . —北京：东方出版社，2020.2
（中国佛学经典宝藏）
ISBN 978-7-5060-8634-9

Ⅰ.①出… Ⅱ.①吕… Ⅲ.①佛经－图书目录 Ⅳ.
①Z88：Z94

中国版本图书馆 CIP 数据核字（2015）第 299847 号

本书中文简体字版权由上海大觉文化传播有限公司独家授权出版
中文简体字版专有权属东方出版社

出三藏记集
（CHU SANZANG JIJI）

释 译 者：	吕有祥
责任编辑：	王梦楠
出　　版：	东方出版社
发　　行：	人民东方出版传媒有限公司
地　　址：	北京市朝阳区西坝河北里 51 号
邮　　编：	100028
印　　刷：	北京大兴县新魏印刷厂
版　　次：	2020 年 2 月第 1 版
印　　次：	2020 年 2 月第 1 次印刷
开　　本：	880 毫米 × 1230 毫米　1/32
印　　张：	10.5
字　　数：	178 千字
书　　号：	ISBN 978-7-5060-8634-9
定　　价：	65.00 元

发行电话：（010）85924663　85924644　85924641

版权所有，违者必究
如有印装质量问题，我社负责调换，请拨打电话：（010）85924602　85924603

《中国佛学经典宝藏》
大陆简体字版编审委员会

主任委员：赖永海

委　　员：（以姓氏笔画为序）

王月清　王邦维　王志远　王雷泉

业露华　许剑秋　吴根友　陈永革

徐小跃　龚　隽　彭明哲　葛兆光

董　群　程恭让　鲁彼德　温金玉

潘少平　潘桂明　魏道儒

总序

星云

> 自读首楞严,从此不尝人间糟糠味;
> 认识华严经,方知已是佛法富贵人。

诚然,佛教三藏十二部经有如暗夜之灯炬、苦海之宝筏,为人生带来光明与幸福,古德这首诗偈可说一语道尽行者阅藏慕道、顶戴感恩的心情!可惜佛教经典因为卷帙浩瀚、古文艰涩,常使忙碌的现代人有义理远隔、望而生畏之憾,因此多少年来,我一直想编纂一套白话佛典,以使法雨均沾,普利十方。

一九九一年,这个心愿总算有了眉目。是年,佛光山在中国大陆广州市召开"白话佛经编纂会议",将该套丛书定名为《中国佛教经典宝藏》①。后来几经集思广

---

① 编者注:《中国佛教经典宝藏》丛书,大陆出版时改为《中国佛学经典宝藏》丛书。

益，大家决定其所呈现的风格应该具备下列四项要点：

一、启发思想：全套《中国佛教经典宝藏》共计百余册，依大乘、小乘、禅、净、密等性质编号排序，所选经典均具三点特色：

1. 历史意义的深远性
2. 中国文化的影响性
3. 人间佛教的理念性

二、通顺易懂：每册书均设有原典、注释、译文等单元，其中文句铺排力求流畅通顺，遣词用字力求深入浅出，期使读者能一目了然，契入妙谛。

三、文简意赅：以专章解析每部经的全貌，并且搜罗重要的章句，介绍该经的精神所在，俾使读者对每部经义都能透彻了解，并且免于以偏概全之谬误。

四、雅俗共赏：《中国佛教经典宝藏》虽是白话佛典，但亦兼具通俗文艺与学术价值，以达到雅俗共赏、三根普被的效果，所以每册书均以题解、源流、解说等章节，阐述经文的时代背景、影响价值及在佛教历史和思想演变上的地位角色。

兹值佛光山开山三十周年，诸方贤圣齐来庆祝，历经五载、集二百余人心血结晶的百余册《中国佛教经典宝藏》也于此时隆重推出，可谓意义非凡，论其成就，则有四点可与大家共同分享：

一、**佛教史上的开创之举**：民国以来的白话佛经翻译虽然很多，但都是法师或居士个人的开示讲稿或零星的研究心得，由于缺乏整体性的计划，读者也不易窥探佛法之堂奥。有鉴于此，《中国佛教经典宝藏》丛书突破窠臼，将古来经律论中之重要著作，做有系统的整理，为佛典翻译史写下新页！

二、**杰出学者的集体创作**：《中国佛教经典宝藏》丛书结合中国大陆北京、南京各地名校的百位教授、学者通力撰稿，其中博士学位者占百分之八十，其他均拥有硕士学位，在当今出版界各种读物中难得一见。

三、**两岸佛学的交流互动**：《中国佛教经典宝藏》撰述大部分由大陆饱学能文之教授负责，并搜录台湾教界大德和居士们的论著，借此衔接两岸佛学，使有互动的因缘。编审部分则由台湾和大陆学有专精之学者从事，不仅对中国大陆研究佛学风气具有带动启发之作用，对于台海两岸佛学交流更是帮助良多。

四、**白话佛典的精华集萃**：《中国佛教经典宝藏》将佛典里具有思想性、启发性、教育性、人间性的章节做重点式的集萃整理，有别于坊间一般"照本翻译"的白话佛典，使读者能充分享受"深入经藏，智慧如海"的法喜。

今《中国佛教经典宝藏》付梓在即，吾欣然为之作序，并借此感谢慈惠、依空等人百忙之中，指导编修；吉广舆等人奔走两岸，穿针引线；以及王志远、赖永海等大陆教授的辛勤撰述；刘国香、陈慧剑等台湾学者的周详审核；满济、永应等"宝藏小组"人员的汇编印行。他们的同心协力，使得这项伟大的事业得以不负众望，功竟圆成！

《中国佛教经典宝藏》虽说是大家精心擘划、全力以赴的巨作，但经义深邈，实难尽备；法海浩瀚，亦恐有遗珠之憾；加以时代之动乱，文化之激荡，学者教授于契合佛心，或有差距之处。凡此失漏必然甚多，星云谨以愚诚，祈求诸方大德不吝指正，是所至祷。

一九九六年五月十六日于佛光山

原版序
敲门处处有人应

《中国佛教经典宝藏》是佛光山继《佛光大藏经》之后，推展人间佛教的百册丛书，以将传统《大藏经》精华化、白话化、现代化为宗旨，力求佛经宝藏再现今世，以通俗亲切的面貌，温渥现代人的心灵。

佛光山开山三十年以来，家师星云上人致力推展人间佛教，不遗余力，各种文化、教育事业蓬勃创办，全世界弘法度化之道场应机兴建，蔚为中国现代佛教之新气象。这一套白话精华大藏经，亦是大师弘教传法的深心悲愿之一。从开始构想、擘划到广州会议落实，无不出自大师高瞻远瞩之眼光，从逐年组稿到编辑出版，幸赖大师无限关注支持，乃有这一套现代白话之大藏经问世。

这是一套多层次、多角度、全方位反映传统佛教文化的丛书，取其精华，舍其艰涩，希望既能将《大藏经》

深睿的奥义妙法再现今世，也能为现代人提供学佛求法的方便舟筏。我们祈望《中国佛教经典宝藏》具有四种功用：

一、是传统佛典的精华书

中国佛教典籍汗牛充栋，一套《大藏经》就有九千余卷，穷年皓首都研读不完，无从赈济现代人的枯槁心灵。《宝藏》希望是一滴浓缩的法水，既不失《大藏经》的法味，又能有稍浸即润的方便，所以选择了取精用弘的摘引方式，以舍弃庞杂的枝节。由于执笔学者各有不同的取舍角度，其间难免有所缺失，谨请十方仁者鉴谅。

二、是深入浅出的工具书

现代人离古愈远，愈缺乏解读古籍的能力，往往视《大藏经》为艰涩难懂之天书，明知其中有汪洋浩瀚之生命智慧，亦只能望洋兴叹，欲渡无舟。《宝藏》希望是一艘现代化的舟筏，以通俗浅显的白话文字，提供读者遨游佛法义海的工具。应邀执笔的学者虽然多具佛学素养，但大陆对白话写作之领会角度不同，表达方式与台湾有相当差距，造成编写过程中对深厚佛学素养与流畅白话语言不易兼顾的困扰，两全为难。

三、是学佛入门的指引书

佛教经典有八万四千法门，门门可以深入，门门是无限宽广的证悟途径，可惜缺乏大众化的入门导览，不易寻觅捷径。《宝藏》希望是一支指引方向的路标，协助十方大众深入经藏，从先贤的智慧中汲取养分，成就无上的人生福泽。

四、是解深入密的参考书

佛陀遗教不仅是亚洲人民的精神归依，也是世界众生的心灵宝藏。可惜经文古奥，缺乏现代化传播，一旦庞大经藏沦为学术研究之训诂工具，佛教如何能扎根于民间？如何普济僧俗两众？我们希望《宝藏》是百粒芥子，稍稍显现一些须弥山的法相，使读者由浅入深，略窥三昧法要。各书对经藏之解读诠释角度或有不足，我们开拓白话经藏的心意却是虔诚的，若能引领读者进一步深研三藏教理，则是我们的衷心微愿。

大陆版序一

《中国佛教经典宝藏》是一套对主要佛教经典进行精选、注译、经义阐释、源流梳理、学术价值分析,并把它们翻译成现代白话文的大型佛学丛书,成书于二十世纪九十年代,由台湾佛光文化事业有限公司出版,星云大师担任总监修,由大陆的杜继文、方立天以及台湾的星云大师、圣严法师等两岸百余位知名学者、法师共同编撰完成。十几年来,这套丛书在两岸的学术界和佛教界产生了巨大的影响,对研究、弘扬作为中国传统文化重要组成部分的佛教文化,推动两岸的文化学术交流发挥了十分重要的作用。

《中国佛学经典宝藏》则是《中国佛教经典宝藏》的简体字修订版。之所以要出版这套丛书,主要基于以下的考虑:

首先,佛教有三藏十二部经、八万四千法门,典籍浩瀚，博大精深，即便是专业研究者，穷其一生之精力，恐也难阅尽所有经典，因此之故，有"精选"之举。

其次，佛教源于印度，汉传佛教的经论多译自梵语；加之，代有译人，版本众多，或随音，或意译，同一经文，往往表述各异。究竟哪一种版本更契合读者根机？哪一个注疏对读者理解经论大意更有助益？编撰者除了标明所依据版本外，对各部经论之版本和注疏源流也进行了系统的梳理。

再次，佛典名相繁复，义理艰深，即便识得其文其字，文字背后的义理，诚非一望便知。为此，注译者特地对诸多冷僻文字和艰涩名相，进行了力所能及的注解和阐析，并把所选经文全部翻译成现代汉语。希望这些注译，能成为修习者得月之手指、渡河之舟楫。

最后，研习经论，旨在借教悟宗、识义得意。为了将其思想义理和现当代价值揭示出来，编撰者对各部经论的篇章品目、思想脉络、义理蕴涵、学术价值等所做的发掘和剖析，真可谓殚精竭虑、苦心孤诣！当然，佛理幽深，欲入其堂奥、得其真义，诚非易事！我们不敢奢求对于各部经论的解读都能鞭辟入里，字字珠玑，但希望能对读者的理解经义有所启迪！

习近平主席最近指出："佛教产生于古代印度，但传入中国后，经过长期演化，佛教同中国儒家文化和道家文化融合发展，最终形成了具有中国特色的佛教文化，给中国人的宗教信仰、哲学观念、文学艺术、礼仪习俗等留下了深刻影响。"如何去研究、传承和弘扬优秀佛教文化，是摆在我们面前的一个重要课题，人民东方出版传媒有限公司拟对繁体字版的《中国佛教经典宝藏》进行修订，并出版简体字版的《中国佛学经典宝藏》，随喜赞叹，寥寄数语，以叙因缘，是为序。

二〇一六年春于南京大学

大陆版序二

依空

身材高大、肤色白皙、擅长军事的亚利安人，在公元前四千五百多年从中亚攻入西北印度，把当地土著征服之后，为了彻底统治这里的人民，建立了牢不可破的种姓制度，创造了无数的神祇，主要有创造神梵天、破坏神湿婆、保护神毗婆奴。人们的祸福由梵天决定，为了取悦梵天大神，需要透过婆罗门来沟通，因为他们是从梵天的口舌之中生出，懂得梵天的语言——繁复深奥的梵文，婆罗门阶级是宗教祭祀师，负责教育，更掌控了神与人之间往来的话语权。四种姓中最重要的是刹帝利，举凡国家的政治、经济、军事、文化等等都由他们实际操作，属贵族阶级，由梵天的胸部生出。吠舍则是士农工商的平民百姓，由梵天的膝盖以上生出。首陀罗则是被踩在梵天脚下的土著。前三者可以轮回，纵然几世轮转都无法脱离原来种姓，称为再生族；首陀罗则连轮回的因缘都没有，为不生族，生生世世为首陀罗，子孙也倒霉跟着宿命，无法改变身份。相对于此，贱民比首陀罗更为卑微、低贱，连四种姓都无法跻身其中，只能从事挑粪、焚化尸体等最卑贱、龌龊的工作。

　　出身于高贵种姓释迦族的悉达多太子，为了打破种姓制度的桎梏，舍弃既有的优越族姓，主张一切众生皆平等，成正等觉，创立了佛教僧团。为了贯彻佛教的平等思想，佛陀不仅先度首陀罗身份的优婆离出家，后度释迦族的七王子，先入山门为师兄，树立僧团伦理制度。佛陀更严禁弟子们用贵族的语言——梵文宣讲佛法，而以人民容易理解的地方口语来演说法义，这就是巴利文经典的滥觞。佛陀认为真理不应该是属于少数贵族、知识分子的专利或装饰，而应该更贴近普罗大众，属于平民百姓共有共知。原来佛陀早就在推动佛法的普遍化、大众化、白话化的伟大工作。

　　佛教从西汉哀帝末年传入中国，历经东汉、魏晋南北朝、隋唐的漫长艰巨的译经过程，加上历代各宗派祖师的著作，积累了庞博浩瀚的汉传佛教典籍。这些经论义理深奥隐晦，加以书写的语言文字为千年以前的古汉文，增加现代人阅读的困难，只能望着汗牛充栋的三藏十二部扼腕慨叹，裹足不前。

　　如何让大众轻松深入佛法大海，直探佛陀本怀？佛光山开山宗长星云大师乃发起编纂《中国佛教经典宝藏》。一九九一年，先在大陆广州召开"白话佛经编纂会议"，订定一百本的经论种类、编写体例、字数等事项，礼聘中国社科院的王志远教授、南京大学的赖永海教授分别为中国大陆北方与南方的总联络人，邀请大陆各大学的佛教学者撰文，后来增加台湾部分的三十二本，是为一百三十二册的《中国佛教经典宝藏精选白话版》，于一九九七年，作为佛光山开山三十周年的献礼，隆重出版。

六七年间我个人参与最初的筹划，多次奔波往来于大陆与台湾，小心谨慎带回作者原稿，印刷出版、营销推广。看到它成为佛教徒家中的传家宝藏，有心了解佛学的莘莘学子的入门指南书，为星云大师监修此部宝藏的愿心深感赞叹，既上契佛陀"佛法不舍一众"的慈悲本怀，更下启人间佛教"普世益人"的平等精神。尤其可喜者，欣闻现大陆出版方东方出版社潘少平总裁、彭明哲副总编亲自担纲筹划，组织资深编辑精校精勘；更有旅美企业家鲁彼德先生事业有成之际，秉"十方来，十方去，共成十方事"之襟怀，促成简体字版《中国佛学经典宝藏》的刊行。今付梓在即，是为序，以表随喜祝贺之忱！

二〇一六年元月

目　录

题　解　001

经　典　019

1　《出三藏记集》序　释僧祐撰　021
2　《四十二章经》序　未详作者　034
3　《安般守意经》序　康僧会　037
4　《安般注》序　释道安　046
5　《安般守意经》序　谢敷　051
6　《阴持入经》序　释道安　063
7　《人本欲生经》序　释道安　074
8　《道行经》序　释道安　078
9　合放光光赞略解序　释道安　089
10　《首楞严三昧经》注序　未详作者　098
11　《法句经》序　未详作者　104
12　《摩诃钵罗若波罗蜜经抄》序　释道安　111
13　《大品经》序　长安释僧叡　119
14　大小品对比要抄序　支道林作　131

15 《法华宗要》序　释慧观　147

16 《法华经》后序　释僧叡　155

17 《维摩诘经》序　释僧肇　160

18 《毗摩罗诘提（堤）经义疏》序　释僧叡　168

19 《大涅槃经》序　凉州释道朗　176

20 《长阿含经》序　释僧肇　188

21 关中出《禅经》序　释僧叡　195

22 庐山出《修行方便禅经》统序　释慧远　201

23 《贤愚经》记　释僧祐新撰　210

24 《无量义经》序　荆州隐士刘虬　214

25 《大智释论》序　释僧叡　225

26 《中论》序第一　释僧叡　233

27 《中论》序第二　释昙影　239

28 《百论》序　释僧肇　243

29 《十二门论》序　释僧叡　249

30 《比丘尼戒本所出本末》序　未详作者　254

31 《比丘大戒》序　释道安　260

源　流　267

解　说　279

附　录　295

参考书目　309

《出三藏记集》又名《出三藏记》，是中国齐梁时代著名佛教律学大师、佛教文史家僧祐（公元四四五—五一八年）的主要著述之一。"出"即译传出；"三藏"即佛教经、律、论三类典籍；"记集"即记录编集之义。概而言之，《出三藏记集》是僧祐对汉魏两晋南北朝时期汉地翻译、编撰、流传的各种佛教经籍的记录整理，包括集录佛典的名目部卷，审核译时、译地、撰人，考校译本的繁略同异、叙列缺失、甄别真伪等。

　　其文体与《汉书·艺文志》相似，属于佛教经录类，因此书为僧祐所撰制，故后世经录家又简称之为《祐录》。此书是现存最古，内容十分广泛丰富的一部综合性"经录"，在中国佛教学术史、目录文献学、思想文化史方面产生过深广的影响，占有重要的地位。

以下分别就出书作者的生平事略、本书的内容结构、本书的地位与价值，以及本书的版本做一概述。

僧祐的生平事略

据慧皎《高僧传》卷十三《僧祐传》记载，僧祐俗姓俞，祖籍彭城下邳（今江苏徐州邳县），父世移居建业（今江苏南京）。僧祐幼年时随父母入南京建初寺礼拜，对佛教产生了极大的兴趣，"踊跃乐道，不肯还家"，父母惜爱他的志趣，允许他留在寺内，奉僧范和尚为师。十四岁时，家人悄悄为他筹办婚事，他得知后，为避婚事，投奔到定林寺（位于南京钟山脚下）法达法师门下。法达乃昙摩密多（罽宾僧人，来中国后名法秀，遍游中国）的弟子，戒德精严，为法栋梁，僧祐竭诚奉师学习，"执操坚明"，二十岁受了具足戒。受具足戒后，又从"精研律部，博涉经论"的法颖律师受业，研习当时在中国流传最广的萨婆多部（小乘说一切有部）的《十诵律》。僧祐对律学十分用功，"竭思钻求，无懈昏晓"，经二十余载的不懈努力，终于"大精律部，有迈先哲"，成为当时的律学名师。在此后数十年中，僧祐的主要佛事活动是：

一、弘扬律学，传授戒法。僧祐晚年自述云："少受律学、刻意毗尼（即戒律），旦夕讽持四十许载，春秋讲说七十余遍。"（《出三藏记集》卷十二《僧祐法集总序》）由此可见僧祐研习、弘扬律学之勤勉。由于僧祐对律学的精深造诣，因而得到齐梁两朝帝王的高度赏识和社会僧俗的广泛崇敬。齐竟陵王萧子良笃信佛教，多次请僧祐开讲律学，听众常达七八百人。

齐永明中（公元四八三—四九三年）奉齐武帝萧赜之敕，"入吴试简五众"，即前往苏州、绍兴地区，对该地区的比丘（男僧）、比丘尼（女僧）、式叉摩那（学戒女）、沙弥（七岁以上二十岁以下，受十戒的男僧，中国俗称小和尚）、沙弥尼（七岁以上，二十岁以下，受十戒的女性修行者）进行考试简别，看他们是否合格，同时"宣讲《十诵》，更申受戒之法"。梁武帝萧衍对僧祐更是"深相礼遇"，凡难以断决的重大僧事，皆敕僧祐审决，僧祐晚年患有脚疾，梁武帝特许他"乘舆入内殿，为六宫受戒"。

二、勤奋著述，编撰《法集》。僧祐在讲习律学、传授戒法之余，矻矻于"校阅群经""订正经译"，广搜佛教文论，编撰成《法集》（义为佛法文集），即慧皎在《高僧传》中所说的《经藏》。僧祐在《法集·总目录序》中说:"窃有坚誓,志是大乘,顶受方等,游心四含。加以山房寂远,泉清松密,以讲席间时,僧事余日,广讯众典,披览为业,或专日遗餐,或通夜继烛,短力共尺波争驰,浅识与寸阴竞晷……仰禀群经,傍采记传,事以类合,义以例分……总其所集,凡有八部。"

这八部著述是:《出三藏记集》十卷(明南藏本作十五卷,北藏本作十七卷)、《释迦谱》十卷、《世界记》五卷、《萨婆多部相承传》五卷、《法苑集》十卷、《弘明集》十卷、《十诵义记》十卷、《法集杂记传铭》十卷。

这八部著述,现只存《出三藏记集》、《释迦谱》及《弘明集》三部,其他五部均佚,但其序言和目录保存在《出三藏记集》里,从中可大致了解编撰的内容。

《出三藏记集》的基本内容,后面详述。

《释迦谱》是从《阿含经》《普曜经》《本起经》《昙无德律》《泥洹经》《贤愚经》《未曾有经》等二十多种佛经中抄集释迦牟尼佛的传记,是中国第一部关于释迦牟尼佛的传记集,旨在显示释迦牟尼佛的大觉大悟及对众生的感应。

《世界记》是从《长阿含经》《华严经》等经典中集录佛教关于"世界"的论述,其中包括"三界""六道"

的相状、成因、生灭等描述。

《萨婆多部相承传》，记录萨婆多部师资传授系列，捴其新旧九十余人。

《法苑集》又称《法苑杂缘原始集》，从诸经中集出关于佛、法、僧三宝和造像、建塔等佛事记述，以及汉土奉佛受戒、止恶兴善等事迹，"记录旧事，以彰胜缘，条例丛杂，故谓之《法苑》"。

《弘明集》从维护佛教正法的目的出发，搜集东汉至南朝论辩的文章百余篇，用以弘扬佛道，批驳疑佛之论，"道以人弘，教以文明，弘道明教，故谓之《弘明集》"。

《十诵义记》，是对法颖律师讲解《十诵律》的分类整理。

《法集杂记传铭》，是"山寺碑铭、僧众行记"的汇集，因条例无附，故单独编为一部。

三、监造佛像，庄严精美。僧祐不仅对佛教律学有很高的成就，对佛教典籍的整理作出了杰出的贡献，而且对佛教艺术也有很深的造诣。在《法苑集》中，僧祐搜集了许多有关佛教音乐、梵呗、梵舞、造像等方面的记载和文献，表现出他对佛教艺术的深厚兴趣和修养。特别是在造像艺术方面，僧祐表现出卓越的才能。《高僧传·僧祐传》记载："祐为性巧思，能目准心计，及匠人依标，尺寸无爽。故光宅、摄山大像及剡县石佛等，并请祐经始，准画仪则。"

光宅寺无量金像系梁天监八年（公元五〇九年）五月三日奉敕于小庄严寺营铸，同年九月二十六日移于光宅寺。此佛像用铜四万余斤，佛像身高九丈，史称"葱河以左，金像之最"，为东方佛像第一（见《高僧传》卷十三《法悦传》）。摄山（即栖霞山）大佛，是豫章王、竟陵王等发心出资，僧祐设计改造的，殿中无量寿佛为坐式，坐身高约十米，佛座高约二米，左右两侧分立观世音与大势至菩萨像，各高约十米。

剡县（今浙江嵊州市）石佛，原是僧护于齐建武中（公元四九四—四九八年）招集道俗雕凿，但数年"仅成面朴"，而染疾身亡，后有僧淑继续雕凿，亦未成。于是建安王"敕遣僧祐律师，专任像事"，"像以天监十二年（公元五一三年）春就功，至十五年（公元五一六年）竟。坐躯高五丈，立形十丈"。石佛凿成后，"四远士庶，并提挟香华，万里来集"（见《高僧传》卷十四《僧护传》）。

由于僧祐在律学、著述、佛教艺术方面的精深造诣和杰出成就，使其在朝野享有崇高声望，门庭极盛，有僧俗弟子一万一千余人。开善寺的智藏、法音寺的慧廓"皆崇其德素，请事师礼"。临川王萧宏、南平王萧伟、尚书令袁昂，及公主贵嫔等"并崇其戒范，尽师资之敬"。著名佛僧明彻、宝唱，杰出的文学理论批评家刘勰，皆从僧祐受学。

梁天监十七年，僧祐卒于建初寺，春秋七十四，葬于钟山定林寺旧墓，弟子正度立碑颂德，刘勰撰文。

《出三藏记集》的内容结构

《出三藏记集》十五卷，记录编集了佛教三藏在印度的缘起，以及东土传译的三藏名录、三藏前序后记，和译传三藏的高僧传记。因此此书的内容由四大部分构成，"一撰缘起，二铨名录，三总经序，四述列传"（《出三藏记集·序》）。

第一部分，撰"缘起"（第一卷），共五篇：《集三藏缘记第一》《十诵律五百罗汉出三藏记第二》《菩萨处胎经出八藏记第三》《胡汉译经文字音义同异记第四》《前后出经异记第五》。前三篇是引《大智度论》、《十诵律》及《菩萨处胎经》中关于迦叶、阿难会诵三藏的传说和"八藏"的名称，以此叙述佛教经典结集的缘起及经过。"八藏"的名称是："胎化藏第一，中阴藏第二，摩诃衍方等藏第三，戒律藏第四，十住菩萨藏第五，杂藏第六，金刚藏第七，佛藏第八。"

第四篇论述在佛经翻译中的梵（或胡）文与汉文音义的同异问题，举出安世高、严佛调、竺叔兰、竺法护、鸠摩罗什、僧融、僧肇、昙无谶、佛驮跋陀罗等译师的翻译风格与贡献，主张翻译应做到文质相宜，因为"文过则伤艳，质甚则患野，野艳为弊，同失经体"。

第五篇列出二十多种重要名相新旧翻译（以鸠摩罗什翻译的前后区分）的不同，如旧译"众祐"，新译为"世尊"；旧译"扶萨"，新译为"菩萨"；旧译"光世音"，新译为"观世音"；旧译"背舍"，新译为"解脱"；旧译"直行"，新译为"正道"等等。

第二部分，铨"名录"（第二卷至第五卷），是在道安《综理众经目录》（僧祐称之为《安录》或《旧录》）的基础上，搜罗后汉至齐梁四百余年间译出和抄撰的一切佛教典籍的目录，加以分类编集，并附以简要的说明，指出佛教典籍译撰的年代、地点、译撰人、异译名称、存阙等。"名录"列为十四部，因对道安的《旧录》有所考订扩充，故每部都冠以"新集"，又称《新录》。

（一）《新集撰出经律论录》。按译人年代编次，审订汉至梁经、律、论四五〇部、一八六七卷，译者八十一人。其中，先采录考订《安录》著录的后汉安世高至西晋法立，凡十七家、二五七部、五〇四卷；僧祐新集一九三部、一三〇三卷。

（二）《新集条解异出经录》。"异出经"指同一种梵文本佛经，而有多种汉译本。由于译者的才趣各殊，所以各种译本有文质、详略的差别。共集录异译经四十三种，异译者一一八人。

（三）《新集安公古异经录》。僧祐收录、考订《安录》中的古异经录九十二部、九十二卷，注明异录或存阙。"古异经"，是古代（道安以前）所译撰典籍的遗文，大都属于摘译的单篇或抄集的语要，无译撰者名字。

（四）《新集安公失译经录》。"失译经"，指有经名而无译者名字的经籍，《安录》原列有一三一种，经名简略，且未列卷数。僧祐加以整理，标明卷数、存阙，并从《安录》注经末移来十一种，合为一四二部、一四七卷。

（五）《新集安公凉土异经录》。凉土所传，有经名卷数，而无译撰人名字的经籍，共五十九部、七十九卷。僧祐为之注明异名或存阙。

（六）《新集安公关中异经录》。关中所传，有经名卷数而无译撰人名的，共二十四部、二十四卷。

（七）《新集律分为五部记录》。引述《毗婆沙》中关于阿育王时，律分出五部的记载。

（八）《新集律分为十八部记录》。记述关于佛灭度后二百年至四百年间，萨婆多部所传律渐次分为十八部的传说。

（九）《新集律来汉地四部记录》。集录传到汉地的四种律部、卷数，及序文。四种律部为：萨婆多部《十诵律》，六十一卷；昙无德部《四分律》，四十卷，或分四十五卷；《婆粗富罗律》，四十卷；《弥沙塞律》，三十四卷。四部律合计一八〇卷。最后列出未能传到中土的"《迦叶维律》，未知卷数"。

（十）《新集续撰失译杂经录》。僧祐续集的失译经大部分属于抄经，抄经人自题名目，故称为杂经。失译杂经包括有经文而无译人者八四六部、八九五卷；有经名而未见经文者，四六〇部、六七五卷。总计一三〇六部、一五七〇卷。

（十一）《新集抄经录》。僧祐说"抄经"就是撮举佛经的义要。他认为"抄经"有两种情况，一种是像安世高、支谦所作的抄经，是由于佛经的篇幅太大，难以全译，故进行抄译，但没有割裂原经；一种是后来有些人"肆意抄撮"，背离了原经。新集抄经共四十六部、三五二卷。

（十二）《新集安公疑经录》。收录《安录》中被认为是伪托的经典二十六部、三十卷。

（十三）《新集疑经伪撰杂录》。共集疑经伪撰四十六部、五十六卷。僧祐所谓的"伪撰"，指貌似原经，实为抄经者。

（十四）《新集安公注经及杂经志录》。其中新集道安注经凡二十七卷，新集杂经二十四种。

以上十四录中，有七录是对《安录》的审订补充，有七录是僧祐的另行编撰。据《历代三宝纪》卷十五总计，僧祐的"名录"共收集经目二一六二部、四三二八卷。为人们提供了后汉至齐梁时代译经、抄经、伪托、异译、失译与各类佛教典籍的目录，借此可以了解汉—梁佛教传译史的概貌。

"名录"部分最后附《小乘迷学竺法度造异仪记》和《长安叡法师喻疑》二篇。《异仪记》记述竺法度别创律仪的大致内容及影响。僧叡法师所撰《喻疑》，强调对"般若""泥洹"的真义不可怀疑。

第三部分，总"经序"（第六卷至第十二卷），凡七卷。收录序言和后记一二一篇。可分为两类：前六卷为"经序"，是收录一些经、律、论的前序和后记，自《〈四十二章经〉序》至《千佛名号序》，共一一〇篇。后一卷为"目录、序"，收录十种佛教文集目录和十一篇序，分别是：陆澄《法论》目录和序，竟陵王《法集》目录和序，巴陵王《杂集》目录和序，僧祐《法集总目录序》以及《法集》中除《出三藏记集》之外的其他七种著述的目录和序言。

第四部分，述"列传"（第十三卷至第十五卷），凡三卷。记述历代翻译家义解师的生平事略，自安世高至法勇法师，共收录三十二人的传记。

《出三藏记集》的地位与价值

佛教自汉代传入中土以后，不久便在中国大地上迅速传播发展，译经和撰述不断增加，按《开元释教录》所计，汉代译撰经籍二九二部、三九五卷；三国译撰经籍二〇一部、四三五卷；两晋译撰经籍三三三部、五九〇卷；南北朝译撰经籍六六八部、一四三九卷。

但是，由于印中两地的语音文法不同、习俗典制不同，由于佛经传来的时间不同、版本不同，由于译者的风格、爱好和水平不同等等多种主客观原因，从而使汉译佛经有繁简之异、文质之差、新旧之别，有选择、有全译、有重译、有异译，有的阙载译传的年代、地点和人名；有的貌似原经，实为中国人的撰述。这种情况显然不利于佛教的传播发展，也不符合中国学人向来注重历史感、考镜学术源流的文化传统。因此在魏晋时期便有记录整理佛典名目部卷的《经录》出现，魏晋以降历代有佛教经录的编撰，而且规模越来越大。

《经录》的编撰，为人们详细了解、搜寻、鉴别、研习佛教经典和考辨佛教译传源流提供了依据，它是在中国传统文化背景下，佛教传播到一定阶段的必然产物，也是促进佛教文化进一步传播和发展所必需。由于《经录》的编撰，才为后来佛教大藏经的编修提供了依据，我国第一部木刻版大藏《开宝藏》就是根据《开元释教录》雕印而成的。

张曼涛在《佛教目录学述要·编辑旨趣》中指出："中国佛教第一个伟大的创举，不是研经学教，唱宗立派，或造寺造像，而是懂得自东汉以来，记录译人所译述之经目，整理散失之译著，使后人得以循目收集，编成大藏"，佛教经录"为中国佛教带来了立根于世的基础"。这种评价是符合实际的。上述这些，可以说是佛教《经录》在中国佛教学术史和中国文化思想史上的一般地位和价值。

此外，《出三藏记集》还有其自身特有的价值。

其一，由于僧祐以前的各种经录在隋唐时均已"未见其本"，因而《出三藏记集》就成为现存最早而又最完整的经录了，因此凡研究汉魏两晋南北朝佛教学术者，无不以此为第一手资料。换言之，《出三藏记集》对于治汉—梁佛教学术乃至治整个中国佛教学术者，是不可或缺的。我们看到，现有的大部头中国佛教史，没有哪一部不是大量引述《出三藏记集》中的内容资料的。

其二，由于《出三藏记集》集录三藏缘起、名录、序文、列传于一书，因而保存了十分丰富的史料，具有多种利用价值，对后世产生了多方面的影响。

"名录"部分对汉—梁译撰的一切经论（由于当时南北阻隔，北朝译经收录不全）进行分类，甄别其同异和真伪，判明译撰人名和时代地点，人们借此而清楚地了解汉—梁佛教经籍的状况。"名录"的分类方法，直接影响到隋唐时代的佛教经录家。

"经序"部分是了解汉—梁时代经论译传的背景、经过、时间、地点、译传者的重要依据，也是了解经论思想内容的重要文献。可以说，每篇经序实际上就是一篇内容提要，是一篇精辟的佛学论文，它既反映了古代学者们对佛经的理解，也是我们今天领会佛教经典的重要参考资料。"经序"是《出三藏记集》中最具思想特色的部分，其珍贵价值已为近世学者所称道。

"列传"部分是现存最早的僧传。它继承中国史书"列传"的传统，在佛家《经录》中首开"列传"，其史料多被宝唱的《名僧传》、慧皎的《高僧传》所采纳。

本书的节选及版本

本书译注的内容，主要选自"经序"部分，首先是因为"经序"是《出三藏记集》中最具特色的部分；其次是因为"名录"虽是此书的主体，但无须翻译，"列传"因有慧皎的《高僧传》在，故不必选译。由于本书的篇幅所限，对"经序"亦不能全部译注，只选译其中影响较大的重要经论的序文（所选序文，除个别是节选外，其余都是全文选译）。为了便于读者对《出三藏记集》有一个全面的了解，特编制《出三藏记集·总目录》附于书后。

《出三藏记集》在宋、元、明经藏中均著录，唯清藏阙载。日《卍大藏经》收录此书于第二十七册，《大正藏经》收录于第五十五册。支那内学院刻有《经序》（六至十二卷）单行本。本译注采用《大正藏》本，并根据《大正藏》的"校记"，参照日本学者中嶋隆藏的《出三藏记集序卷索引》加以校勘。校勘的文字放在（ ）内，其中包括校正和校增两种情况，例如：

第六十八页"名爱不得逞其足"→"名(巨)爱不得逞其足"。

第一一九页"若夫以《诗》为烦重,以《尚》为质朴。"→"若夫以《诗》为烦重,以《尚(书)》为质朴。"

经典

1 《出三藏记集》序

释僧祐撰

原典

夫真谛玄凝,法性①虚寂,而开物导俗,非言莫津。是以不二默酬②,会于义空之门;一音振辩③,应乎群有之境。

自我师能仁④之出世也,鹿苑⑤唱其初言,金河⑥究其后说。契经⑦以诱小学,方典⑧以劝大心⑨。妙轮⑩区别十二惟部⑪,法聚总要八万其门⑫。至善逝⑬晦迹,而应真⑭结藏⑮。始则四含⑯集经,中则五部分戒⑰。大宝斯在,含识资焉。然道由人弘,法待缘显。有道无人,虽文存而莫悟;有法无缘,虽并世而弗闻。闻法资乎时来,悟道借于机至。机至然后理感,时来然后化通矣。

昔周代觉兴而灵津致隔,汉世像教⑱而妙典方流,法待缘显，信有征矣。至汉末安世高[19]宣译转明，魏初康僧会[20]注述渐畅，道由人弘，于兹验矣。自晋代中兴，三藏弥广，外域胜宾，稠叠以总至。中原慧士，炜晔[21]而秀生。提、什[22]举其宏纲，安、远[23]振其奥领。渭滨务逍遥[24]之集，庐岳结般若之台。像法得人，于斯为盛。

原夫经出西域[25]，运流东方，提挈万里，翻转胡[26]汉。国音各殊，故文有同异；前后重来，故题有新旧。而后之学者，鲜克研核，遂乃书写继踵，而不知经出之岁；诵说比肩，而莫测传法之人，授之受道[27]亦已缺矣。

夫一时圣集，犹五事证经，况千载交译，宁可昧其人世哉？昔安法师以鸿才渊鉴，爰撰《经录》[28]，订正闻见，炳然区分。自兹以来，妙典间出，皆是大乘宝海，时竞讲习，而年代人名，莫有铨贯[29]。岁月逾迈，本源将没，后生疑惑，奚所取明？

祐以庸浅，豫凭[30]法门，翘仰玄风，誓弘大化。每至昏晓讽持，秋夏讲说，未尝不心驰庵园[31]，影跃灵鹫[32]。于是牵课[33]羸志[34]，沿波讨源，缀其所闻，名曰《出三藏记集》。

一撰缘记，二铨名录，三总经序，四述列传。缘记撰，则原始之本克昭。名录铨，则年代之目不坠。经序总，则胜集之时足征。列传述，则伊人之风可见。并钻析内经，研镜外籍，参以前识，验以旧闻。若人代有据，则表为司南㉟。声传未详，则文归盖阙。秉牍凝翰，志存信史。三复九思，事取实录。有证者既标，则无源者自显。庶行潦㊱无杂于醇乳，燕石㊲不乱于楚玉。但井识管窥㊳，多惭博练。如有未备，请寄明哲。

注释

① **法性**：法，泛指一切物质和精神现象，包括过去的、现在的和将来的，世间的和出世间的；也特指某一事物和现象。法性，指事物的真实本性或本质、本体，与真如同义。

② **不二默酬**：应答。"不二"是不异、无分别的意思。对于是非、善恶、彼此、主客等一切差别现象不加以分别，契入平等一如的真如境界，谓之"入不二法门"。《维摩经·入不二法门品》云："文殊师利问维摩诘：何等是菩萨入不二法门？时维摩诘默然无言。文殊师利叹曰：善哉！善哉！乃至无有文字语言，是真入不二法门也。"

③ **一音振辩**：又作一音震辩，即佛发出的言教之音，具有振聋发聩的辩才无碍作用。

④ **能仁**：义为圣者，指释迦牟尼佛。《梵网经述记》上云："释迦牟尼，大唐翻为能寂，旧翻亦云能满，

亦云能仁。"

⑤ **鹿苑**：鹿野苑之略称，亦称仙人论处、仙人住处、仙人鹿园等，相传是释迦牟尼佛成道后最初说法的地方，属印度波罗柰国，今在瓦拉纳西城西北约六公里处。

⑥ **金河**：拘尸那揭罗国跋提河之译名，传为释迦牟尼佛涅槃处。

⑦ **契经**：上契诸佛之理，下契众生之机，这里主要指四阿含等经典。

⑧ **方典**：义为方等经典。方是方正，等是平等，即宣说方正平等之理的经典，是大乘佛教经典的总称。

⑨ **大心**：义为用心广普，以超度众生为己任之心，指菩萨的大悲大愿之心。

⑩ **妙轮**：即佛法。喻佛法如车轮，能摧碾众生的烦恼惑业。

⑪ **十二惟部**：即十二部经，又称十二分经或十二分教。佛教一切经文按类别分为经、律、论三大类，称为三藏；三藏中由于经文的体裁和所说的事相不同，又分出十二种名称，称为十二部经。佛教常以三藏十二部经概括佛教的一切经文。

十二部经分别为：（一）"长行经"，指以散文直接记载佛陀之教说，即一般所说之经。（二）"重颂经"，以偈颂体裁重宣长行经文的含义。（三）"授记经"，佛陀对众弟子之未来所作之证言。（四）"讽颂经"或"孤起颂"，直接以偈颂文体显示教义的经文。（五）"自说经"，无人发问，佛自宣说的经文。（六）"因缘经"，记述佛说法教化之因缘的经文，如诸经的《序品》。（七）"譬喻经"，以譬喻显示教义的经文。（八）"本事经"，载本生谭以外佛与弟子前世经历的经文。（九）"本生经"，佛讲述自身前生行迹的经文。（十）"方广经"，佛为菩萨宣说的方正广大道理的经文。（十一）"未曾有经"，记述佛及诸弟子以外前所未有的种种稀有的经文。（十二）"论议经"，载佛论议抉择。

⑫ **八万其门**：《胜鬘经》云："广大义者，则是无量，得一切佛法，摄八万四千法门。"众生有八万四千烦恼之病，佛为对治之，说八万四千之经典。"八万"是概数，泛指法门之多。

⑬ **善逝**：诸佛十种名号之一，如实去彼岸，不再沉入生死苦海之义。

⑭ **应真**：阿罗汉的旧译，义为应受人、天供养之圣者。此处指佛的五百弟子。

⑮ **结藏**：结集佛教三藏。据传释迦牟尼佛涅槃后不久，弟子们在王舍城附近七叶窟举行集会，由迦叶召集主持，阿难等五百比丘参加，诵出经、律二藏，是为第一次结集佛藏。释迦牟尼佛入灭一百年后，由于对戒

律问题发生争论，长老耶舍在毗舍离城召集七百比丘，审订律、藏，是为第二次结集佛藏。据佛教史料记载，先后共有六次结集。

⑯ **四含**：即四部《阿含经》，分别是《长阿含》《中阿含》《杂阿含》《增一阿含》。四阿含皆依文体而得名。

⑰ **五部分戒**：佛入灭百年后，有五大弟子于戒律各抱异见，于是律藏分为五派。分别是：昙无德部、萨婆多部、弥沙塞部、迦叶遗部、摩诃僧祇部。

⑱ **像教**：佛像与经教，此指佛教。

⑲ **安世高**：东汉末年来华僧人。原为安息国太子，博学多识，父死，让国予叔，出家为僧，精研阿毗昙，修习禅定。于桓帝建和二年（公元一四八年）经西域来洛阳译经，先后译出《安般守意经》《阴持入经》《人本欲生经》、大小《十二门经》《道地经》等三十四部四十卷。主要译传小乘佛教说一切有部的毗昙学和禅数理论。是初期佛经汉译者。

⑳ **康僧会**：生年不详，卒于公元二八〇年，三国时期吴国僧人。祖籍康居（古西域城国名），世居天竺（古印度）。公元二四七年到建业（今南京），孙权为之建塔寺，号建初寺。康僧会于此寺译出《阿难念弥经》《小品般若经》《六度集经》等，又注《安般守意经》《法镜经》《道树经》，并制经序。

㉑ **炜晔**：光耀。

㉒ **提、什**：僧伽提婆、鸠摩罗什。僧伽提婆，东晋时期来华僧人，俗姓瞿昙，罽宾国（今克什米尔）人。于苻秦建元年间（公元三六五—三八五年）来华，先后在长安、洛阳、庐山、南京等地译经，讲授阿毗昙学，所译校经论有《阿毗昙八犍度论》《阿毗昙心论》《增一阿含经》等。鸠摩罗什（公元三四三—四一三年），一译鸠摩罗什婆或鸠摩罗耆婆，意译童寿。祖籍天竺，生于西域龟兹国（今新疆库车一带），后秦弘始三年（公元四〇一年），姚兴迎至长安开设译场，盛时达三千人，所译经论，《出三藏记集》载为三十五部、二百九十四卷，《开元录》著录为七十四部、三百八十四卷。系统地译介了龙树中观学派的学说，培育了道生、僧肇等一批著名中国学僧。

㉓ **安、远**：释道安、慧远。释道安（公元三一四—三八五年），东晋僧人，俗姓卫，常山扶柳（今河北冀州）人，十二岁出家学佛，二十四岁时师事佛图澄，后到襄阳传播佛教，晚年被苻坚请至长安主持道场。一生中注释经文、考校译本、组织译经，对般若经典研习最力。慧远（公元三三四—四一六年），道安弟子，东晋太元六年（公元三八一年）入庐山，住东林寺传播佛教，尤精般若性空之学。

㉔ **逍遥**：鸠摩罗什设译场于逍遥园。

㉕ **西域**：古代指玉门关以西的中国新疆维吾尔自治区和中亚细亚等地区。

㉖ **胡**：古代西方异族的统称，这里泛指外国。

㉗ **授之受道**：疑为"授受之道"。

㉘ **经录**：道安所撰《综理众经目录》。原书已佚，现存于僧祐《出三藏记集》中。僧祐在此书卷十五《道安法师传》中云："初经出已久，而旧译时谬，致使深义隐没未通，每至讲说，唯叙大意，转读而已。安穷览经典，钩深致远。其所注《般若》《道行》《密迹》《安般》诸经，并寻文比句，为起尽之义，及析疑甄解，凡二十二卷。序致渊富，妙尽玄旨，条贯既叙，文理会通，经义克明，自安始也。又自汉暨晋，经来稍多，而传经之人名字弗记，后人追寻，莫测年代。安乃总集名目，表其时人，铨品新旧，撰为《经录》，众经有据，实由其功。"（见大正五十五·页一〇八上）同书卷二亦云："迄及桓灵，经来稍广……法轮届心，莫或条叙。爰自安公，始述名录，铨品译才，标列岁月，妙典可征，实赖伊人。"（见大正五十五·页五中、下）

㉙ **铨贯**：考订和条理化。铨，衡量、权衡。

㉚ **豫凭**：参与、靠近。豫通"与"；凭，靠近、依靠。

㉛ **庵园**：印度毗耶离国庵罗树园的略称。佛于此

处讲《维摩经》。《维摩经·佛国品》云:"佛在毗耶离庵罗树园,与大比丘众八千人俱……"

㉜ **灵鹫**:又名灵山或鹫峰,以此山似鹫或多鹫,故名。释迦佛于此处说《法华经》。

㉝ **牵课**:贯通起来考核。

㉞ **赢志**:竭尽心思。

㉟ **司南**:古代指示方位的指南车,义为准则、标准。

㊱ **行潦**:沟中积水。《诗经·召南·采苹》有"于以采藻?于彼行潦"之句。

㊲ **燕石**:河北燕山之石,此石似玉而非玉。晋郭璞注《山海经·北山经》云:"言石似玉,有符彩婴带,所谓燕石者。"

㊳ **井识管窥**:井中观天,以管窥天。形容见识狭小短浅。

译文

佛教的真理是玄妙深邃的,万事万物的本性是空虚寂静的,但是为了揭示事物的真实本性,以开导世俗的人们,没有言教便不能达到目的。因此维摩居士以沉默的方式回答什么是不二法门的提问,使人们领会一切皆空的真理;佛以一种声音宣说佛法,适应了众生不同的根器。

　　自从释迦牟尼佛成道后，在世间宣说佛法以来，最初在鹿野苑说法，最后在金河宣讲终极教义。以契合人们根机和万物之理的经文，诱导启发初学佛法的人，宣说大乘经典，用以激励人们发大悲大愿的善心。佛教的经论大致分为十二大部类，佛法教义总要有八万种之多。释迦牟尼佛涅槃之后，其弟子五百罗汉，依照他的真实教导结集经藏。起初结集的经藏是四部《阿含经》，其后结集的是五部戒律。于是有佛教宝藏存留于世，众生有了修行佛道的依据。然而佛教的道理是由人来弘扬的，佛法要依赖一定的条件时机才能显达。如果有了佛教的道理而没有人来弘扬，那么虽有佛教经文的存在而不能领悟；如果有了佛法而没有一定的因缘条件，那么虽然佛法与人们并世而存，而人们无所闻知。闻知佛法要依赖时机的到来，领悟佛教的道理要借助条件的出现。条件出现就能感悟佛教的道理，时机到来就可以佛法教化众生。

　　早在周代大觉大悟者（佛）就已出现，但其佛法的流通却与中国遥相阻隔；汉代是佛法的像法时代，而佛教经典方开始流传，这就是佛法等待一定条件形成，方能显达的证据。到了汉代末期，由于安世高对佛经的传译，人们才逐渐明白什么是佛教。曹魏初年，由于康僧会对佛经的注述，佛教便逐渐传播开来，这就是佛教的道理需要靠人来弘扬的明证。自从晋朝中兴以来，佛教经、律、论三藏得到更广泛的传播，外国的高僧学士接踵而来，群集中原。中原的聪慧之士，出类拔萃，人才辈出。僧伽提婆、鸠摩罗什译出佛法大纲，道安、慧远阐述佛教的奥妙要义。在北方，僧人学士云集于渭河之滨（长安）的逍遥园；在南方，僧人学士聚会于庐山的般若讲台。佛法得到人们的弘扬，此时达到隆盛。

佛教经典本是自西域传来，运化流传到东土，携带辗转万里，由胡文翻译为汉文。各国的语音不同，文字也就有差异，佛经前后重复传来，其标题篇名也就有新旧不同译法。而后来的学者却很少加以研究核定，于是相互传抄而不知道佛经译出的年代，讽诵讲说佛经的比比皆是，而不知谁是传法的人，师徒授受的传承关系也缺乏记载。

一时之间圣贤聚集，尚从五方面证实经文，何况千百年中辗转翻译，怎么可以对传译之人和时代都无所知呢？从前道安法师以他广博的学识和深入的研究，编撰了佛教经典目录，订正所见所闻，使佛经的译传人物和年代清清楚楚。然而自道安以后，佛教经典又陆续传译，都是大乘经典宝藏，人们竞相讲习，但年代、人名却没有系统考订。随着岁月的流逝，年代转远，佛经产生的原本的情况就将被湮没，后来的学者就会产生疑惑，又怎能分辨得清楚呢？

我（僧祐）学识平庸疏浅，有幸涉入佛教法门，敬仰佛教深奥的学说和风格，誓愿弘扬佛法。每当早晚讽诵、秋夏讲说佛经时，我的心总是飞到了庵园，似乎自己已经来到了灵鹫山。于是综合考核，殚思竭虑，随顺着波浪去探寻本源，编集所见所闻，名之为《出三藏记集》。

第一撰述佛教经、律、论三藏在印度形成的经过，第二核定佛经的名称目录，第三汇集佛经的序文，第四记述名僧大师的生平事迹。撰述三藏形成的经过，则三藏产生的原始情况就能明白了。核定佛经的名称目录，则佛经译传的年代就不会被湮灭了。汇总佛经的序文，则历史上的译传盛举就有了证据。记述名僧大师的生平事迹，其人的风范就可以明白显现了。并且在辨析佛教典籍的同时，对照佛经以外的书籍，参考前人的记载，验证于过去的传闻。如果人物、时代有确实的证据，就标示出来作为后人的依准。如果传闻不详，则存阙不录。手持经籍，凝视笔端，志在留给后人可信的史料。三番两次地思虑，取材于真实记录，有真凭实据的就标示出来，无真凭实据的传闻也就会自然暴露。期望不使污水混杂于纯净的乳汁里，燕山之石不与楚地美玉相混淆。这仅仅是我的一孔之见，既不广博也不精练，实感惭愧，若有不完善之处，寄望就交于广大的智慧高明者。

2 《四十二章经》序

未详作者

原典

《四十二章经》①序

未详作者

昔汉孝明皇帝,夜梦见神人,身体有金色,项有日光②,飞在殿前,意中欣然,甚悦之。明日问群臣:"此为何神也?"有通人傅毅曰:"臣闻天竺有得道者,号曰佛,轻举能飞,殆将其神也。"于是上悟,即遣使者张骞、羽林中郎将③秦景、博士弟子王遵等十二人,至大月支国,写取佛经四十二章,在第十四石函中④。登起立塔寺⑤。于是道法流布,处处修立佛寺,远人伏化,愿为臣妾者不可称数,国内清宁。含识之类蒙恩受赖,于今不绝也。

注释

①**《四十二章经》**：一般认为是中国第一部汉译佛经，通行本署为迦叶摩腾并竺法兰共译。《四十二章经》是阿含经要点的摘抄，不是一部单独佛经。内容主要阐述早期佛教的基本教义，重点是宣说人生无常和爱欲之蔽。此序是关于《四十二章经》传入中土经过的最早记载，尔后历代文献里出现的各种说法，只能作为参考。关于《四十二章经》传译的年代，西晋王浮撰《老子化胡经》说是永平七年（公元六十四年）遣使，永平十八年（公元七十五年）还。

②**项有日光**：《老子化胡经》谓："帝梦神人，长丈六尺，项有日光。"南齐王琰《冥祥记》谓："汉明帝梦见神人，形垂二丈，身黄金色，项佩日光。"

③**羽林中郎将**：后汉官名，掌宿卫、侍从。而东汉末年的《牟子理惑论》作"羽林郎中秦景"。

④**十四石函中**：《出三藏记集》卷二记为："始于月支国，遇沙门竺摩腾，译写此经还洛阳，藏在兰台石室第十四间中。"《牟子理惑论》同此说。

⑤**登起立塔寺**：《牟子理惑论》记为："时于洛阳城西雍门外起佛寺。"《高僧传·摄摩腾传》云："腾所住处，今洛阳城西雍门外白马寺是也。"《魏

书·释老志》云:"白马负经而至,汉因立白马寺于洛城雍关西。"

译文

从前东汉孝明皇帝刘庄,夜里梦见了一个神奇的人,身体是金黄色的,颈部有白色光环,飞行于殿庭前,明帝心中甚是欢喜。第二天,明帝问群臣:"梦中所见神人是什么神?"当时有一位知晓此事的大臣傅毅回答道:"我听说天竺国有个修行得道的人,称为佛,轻轻一跳就能飞行,皇上梦见的大概就是此神吧!"于是明帝领悟,便派使臣张骞、羽林中郎将秦景、博士弟子王遵等十二人,到大月支国,翻译带回佛经四十二章,珍藏于第十四石函中,并为之修建塔寺。于是佛法广为流布,处处建起佛寺,远近的人们都心悦诚服地接受教化,自愿侍奉的人不计其数,全国上下清静安宁。有生命意识的众生蒙受恩惠,受到祐护,至今不绝。

3 《安般守意经》序

康僧会

原典

《安般守意经》①序

康僧会

夫安般者,诸佛之大乘②,以济众生之漂流也。其事有六③,以治六情④。情有内外,眼、耳、鼻、口、身、心,谓之内矣;色、声、香、味、细滑、邪念,谓之外也。经曰"诸海十二事",谓内外六情之受邪行,犹海受流,饿夫梦饭,盖无满足也。

心之溢荡,无微不浃⑤,恍惚仿佛,出入无间,视之无形,听之无声,逆⑥之无前,寻之无后,深微细妙,形无丝发,梵释⑦仙圣,所不能照明。默种于此,化生乎彼,非凡所睹,谓之阴也。犹以晦曀⑧,种夫粱⑨芥⑩,

阍手覆种,孳有万亿,旁人不睹其形,种家不知其数也,一朽乎下,万生乎上。弹指之间,心九百六十转,一日一夕,十三亿意。意有一身,心不自知,犹彼种夫也。

是以行寂,系意着息,数一至十,十数不误,意定在之。小定三日,大定七日。寂无他念,泊然若死,谓之一禅。禅⑪,弃也,弃十三亿秽念之意。已获数定,转念着随,蠲除其八。正有二意,意定在随,由在数矣。垢浊消灭,心稍清净,谓之二禅也。

又除其一,注意鼻头,谓之止也。得止之行,三毒⑫四趣⑬,五阴⑭六冥⑮,诸秽灭矣。昭然心明,逾明月珠。淫邪污⑯心,犹镜处泥,秽垢汻焉。偃以照天,覆以临土,聪睿圣达,万土临照,虽有天地之大,靡一大而能睹。所以然者,由其垢浊,众垢污心,有逾彼镜矣。若得良师,划⑰刮莹⑱磨,薄尘微曀,荡使无余,举之以照,毛发面理,无微不察,垢退明存使其然矣。情溢意散,念万不识一矣。犹若于市,驰心放听,广采众音,退宴存思,不识一夫之言。心逸意散,浊翳其聪也。若自闲处,心思寂寞,志无邪欲,侧耳靖听,万句不失,片言斯着,心靖意清之所由也。行寂止意,悬之鼻头,谓之三禅也。

还观其身,自头至足,反复微察,内体污露,森楚毛竖,犹睹脓涕。⑲于斯俱照天地人物,其盛若衰,无存不亡。信佛三宝，众冥皆明，谓之四禅也。

摄心还念，诸阴皆灭，谓之还㉠也。秽欲寂尽，其心无想，谓之净也。得安般行者，厥心即明，举眼所观，无幽不睹。往无数劫，方来之事、人物所更、现在诸刹，其中所有世尊法化、弟子诵习，无遐不见，无声不闻。恍惚仿佛，存亡自由。大弥八极㉑，细贯毛厘，制天地，住寿命，猛神德，坏天兵，动三千，移诸刹，八不思议㉒非梵所测。神德无限，六行㉓之由也。

注释

①**《安般守意经》**：东汉安世高译，属印度小乘佛教上座部系"说一切有部"理论，专讲修持禅定的方法。"安般"是梵文 Ānāpānasmṛti，音译"安那般那"的略写，意译念出息入息。安，指入息（吸）；般，指出息（呼）；安般即是专注于呼吸。守意是专注一心，用计数出息入息的方法，摄心静虑，心神专一，不令浮躁散乱，名为安般守意。康僧会并为此经作注解，道安为之作注。

②**大乘**：梵文 Mahāyāna 的意译，音译为摩诃衍那，义为大的"乘载"（车、船）或道路。一世纪左右形成的佛教派别，亦名大乘佛教，自称能运载无量众生

渡过生死大河,到达涅槃彼岸,成就佛果,而称原始佛教和部派佛教是只求自我解脱的"小乘"。

③ **其事有六**:即下文讲的数、随、止、观、还、净六个禅定步骤。

④ **六情**:《安般守意经》云:"何等为六情?谓眼合色,耳受声,鼻向香,口欲味,细滑为身,衰意为种栽,为痴,为有生物也。"这里是把人的感觉思维器官,接受相应的对象而产生的感觉意识活动称为"情"。

⑤ **浃**:湿透、浸湿。

⑥ **逆**:迎接。

⑦ **梵释**:梵天与帝释天。梵天,原为印度婆罗门教的创造神,是创造世界万物的始祖,佛教产生后被吸取为护法神,随侍于释迦佛右侧,持白拂,又为色界初禅天之王。帝释天,亦称天帝释,佛教护法神之一,称其为忉利天(三十三天)之主,居须弥山顶之善见城。

⑧ **晦瞢**:天气阴暗。

⑨ **粢**:古代供祭祀用的谷物。

⑩ **芥**:芥菜。

⑪ **禅**:梵文Dhyāna音译"禅那"的略称,是印度佛教最基本的修持方法。意译为"静虑""思维修习""弃恶""功德丛林"等,意谓心注一境,正审思虑。《瑜伽师地论》卷三十三云:"言静虑者,于一所

缘，系念寂静，正审思虑，故名静虑。"（大正三十·页四六七下）按修习层次，分为四层，称四禅或四静虑。中国习惯把禅与定并称为"禅定"。

⑫ **三毒**：贪、嗔、痴。贪为贪欲；嗔为愤怒；痴为迷痴，不明事理。贪、嗔、痴为众生一切烦恼之根本，毒害众生身心，故名三毒。

⑬ **四趣**：地狱、饿鬼、畜生、阿修罗。又称四恶趣或四恶道，是六道轮回中的四种趣向恶果处。

⑭ **五阴**：又译为"五蕴""五众"，意谓五种因素集聚，包括色蕴（占有一定空间且会变坏者）、受蕴（各种感受）、想蕴（思维活动）、行蕴（意志、意向）、识蕴（了知、分别）。早期佛教认为，人体（包括身、心）是由五蕴构成的。

⑮ **六冥**：六种昏暗无知。

⑯ **污**：污染。

⑰ **划**：铲除。

⑱ **莹**：磨治。

⑲ **还观其身……犹睹脓涕**：在禅定中观想自身和他身污秽不净（污血、粪便、唾涕等），以消除对人身的贪恋，称为佛教的不净观。

⑳ **还**：《安般守意经》中的"还"有二义：一是舍弃"杀""盗""淫""妄言""绮语""两舌""恶口"之

身心；二是观照五阴为无常、苦、空、无我，而不再贪恋。

㉑ **八极**：东、南、西、北之四方和四隅。

㉒ **八不思议**：《涅槃经》卷三十二云：大海有八种不思议，以譬涅槃。一、渐渐转深，二、深难得底，三、同一咸味，四、潮不过限，五、有种种宝藏，六、大身众居住，七、不宿死尸，八、万流大雨入海，亦无增减。（见大正十二·页五五八下、页八〇五上）

㉓ **六行**：按文意，似为六通，即：天眼通、天耳通、他心通、宿命通、神足通、漏尽通，这六种神通。

译文

安般是佛教的大车船，用来把世俗苦海里漂荡不定的众生运载到彼岸世界去。其方法有六个步骤，用以制伏人的六种情识。情识有内外之分，眼、耳、鼻、口、身、意，这六种感官为内情识；色、声、香、味、细滑、邪念，这六种感受意识为外情识。经中说的"诸海十二事"，说的就是内外六种情识接受邪恶行为，如同大海接纳众多溪流，饥饿的人梦食美餐一般，永不满足。

人的意识活动总是溢露于外，摇荡不定，没有什么细微之处不能涉入，恍惚仿佛，出入不受阻隔，眼睛看不到它的形相，耳朵听不到它的声音，前面看不到它的头，后面看不到它的尾，深微细妙，无丝发形相，梵天、帝释天、神仙、圣人也不能明察它。不知不觉地在此时此地播下种子，便在彼时彼地化生出结果，这一过程不是一般人看得见的，叫作暗暗地进行。就如农夫在阴雨天播种谷种，用手撒下种子，又用土把种子掩盖起来，埋在土里的种子便生根发芽，生长出亿万谷粒来，旁人看不见生长的过程，播种的人不知道它的数量，一粒种子在地下朽烂，千万粒谷子生长于地面上。人的意识活动也是一样，一霎间，有九百六十种变化，一天一夜有十三亿意念。意念活动产生于人自身，但自己还不觉知，犹如农夫不知谷粒生长过程一样。

因此修持寂定法，把意念转到呼吸上，计算呼吸的次数，从一数到十，专心致志，不出差错，意识便专注在十个数上，进入"定"的状态。如此持续三天为小定，持续七天为大定。内心寂然没有其他杂念，恬静如同死一般，这是禅定的第一阶段。所谓"禅"，就是弃除，弃除十三亿妄想邪念的意思。已获得由计数达到意定之后，再把意念从计数转向随顺一呼一吸的气息运行上，摒除体内产生的动、痒、轻、重、冷、暖、涩、滑八种感触。正确的相随有二种含义，一是使正确意念随顺呼吸，一是不使杂念恶念随顺呼吸，意念静定于随顺呼吸上，就由计数转入相随了。消灭思想上的尘垢，心境初步达到清净，这是禅定的第二阶段。

进一步，摒除随顺一呼一吸的意识，把注意力转向鼻头，使意识停止于一点不动，叫作"止"。修行到"止"时，三毒（贪、嗔、痴）和四趣（修罗趣、饿鬼趣、畜生趣、地狱趣）、五阴（色、受、想、行、识）和六冥（诳、谄、憍、恼、恨、害）都归于消灭。内心清澈明净，胜过明月珠（即夜光珠，因光珠晶莹似月光，故名）。淫邪之念污染内心，犹如明镜放到污泥中，就被浊水污泥污染。当此之时，仰面观天，俯视大地，虽有超凡智慧，面对大千世界，面对如此广大的天和地，也无一能看得见。其所以如此，就是由于被众多尘灰污水污染了心，淹没过被污染的镜子。这时如果遇到高明的师父给以刮削摩擦，使其尘垢灰暗荡然无存，拿起来一照，脸上的毛发纹理，无微不察，这是由于消除了尘垢，显现出原来的明净，才使其如此的。如果情欲溢荡，思想散乱，杂念万千，那就什么事情也不能认识记忆。比如你到市场上去，思想不集中，各种声音都听到，回到家中冷静思索，结果是一句话也记不起来。这是由于思想放逸，意识散乱，从而掩蔽了自己的聪明智慧的缘故。与此相反，如果一个人独自静居，思想清净，没有任何邪念欲望，静静地侧耳细听，那么一万句也不会忘记，只言片语都记得清楚，这是内心安静、思想清净的原因。排除心中一切杂念，使意识停止于一点，即集中在鼻头上，这是禅的第三阶段。

进一步，观察自己的身体，从头到脚，反复细致地观察，身体内的脏物显露，使人毛骨悚然，如面对脓血鼻涕一般。以此来观察天地人物，便知强盛实是衰微，没有哪一种事物不会灭亡。坚定地信仰佛、法、僧三宝，消除一切迷惑，达到内心清明，这是禅的第四阶段。

收敛心意，集中于正念，断灭五阴活动，称为"还"。一切污秽欲望都归于寂灭，心中没有任何思想欲望，叫作"净"。修行安般禅法的人，内心一旦明净，对所见到的事物，没有洞照不到之处。很久以前的事、将来的事、人物的变更、现在的各种寺塔以及其中的一切人与物、世尊佛法的教化、弟子的诵习如此等等，一切远近的事物声音，都能看得见，听得到。恍恍惚惚，来去自由，其广大能弥漫宇宙，其细微可贯通毛发，能控制天地变化，使人的寿命长存；其功德神奇勇猛，能够打败天兵，动摇三千大千世界，移动寺塔，有八种不可思议的作用，不是梵天能探测的。其神奇的功德无限量，六种神通由此产生。

4 《安般注》序

释道安

原典

安般者，出入①也。道之所寄，无往不因；德之所寓，无往不托。是故安般寄息以成守，四禅寓骸以成定也。寄息，故有六阶之差；寓骸，故有四级之别。阶差者，损之又损之，以至于无为②；级别者，忘之又忘之，以至于无欲也。

无为，故无形而不因；无欲，故无事而不适。无形而不因，故能开物；无事而不适，故能成务③。成务者，即万有而自彼。开物者，使天下兼忘我也。彼我双废者，守于唯守也，故《修行经》以斯二法而成寂。得斯寂者，举足而大千震，挥手而日月扪，疾吹而铁围飞，微嘘而须弥④舞。斯皆乘四禅之妙止，御六息之大辩⑤者也。夫执寂以御有，策本以动末，有何难也？安般居十念⑥之一，于五根⑦则念根也，故撰《法句》者，属《惟念品》也。

昔汉氏之末，有安世高者，博闻稽古，特专阿毗昙⑧学。其所出经，禅、数⑨最悉，此经其所译也。兹乃趣道之要径，何莫由斯道也？魏初康会为之注义，义或隐而未显者。安窃不自量，敢因前人，为解其下，庶欲蚊翻⑩以助随蓝⑪，雾润以增巨壑也。

注释

① **出入**：出息入息，即呼吸。《安般守意经》卷上云："安名为入息，般名为出息。念息不离，是名为安般。"（大正十五·页一六五上）

② **无为**：《安般守意经》云：安般守意"名为御意至得无为也"（大正十五·页一六三下），"是清净无为也"（大正十五·页一六四上）。

③ **开物、成务**：语出《周易·系辞上传》第十章："子曰：夫《易》，何为者也？夫《易》，开物成务，冒天下之道，如斯而已者也。"道安在这里对开物成务予以新的含义。

④ **铁围、须弥**：佛教传说中的铁围山、须弥山。

须弥山高出水面八万四千由旬（一由旬约三十里）（编按：由旬之计算有各种不同说法），山顶为帝释天，四面山腰为四天王，周围有七香海和七金山。第七金山外有铁围山（由铁围成的山）所围绕的咸海，咸海四周有四大部洲。许多佛教造像和绘画以此山为题材，用以表示天上的景观。

⑤ **御六息之大辩**：语出《庄子·逍遥游》："乘天地之正，而御六气之辩。"辩，变化。六气，指阴、阳、风、雨、晦、明之六气。

⑥ **十念**：一念佛，二念法，三念僧，四念戒，五念施，六念天（诸天善业成就），七念休息（闲居时修习佛道），八念安般（摄心静虑，数出入息），九念身非常，十念死。

⑦ **五根**：一信根（信奉佛法），二精进根，三念根（思念随顺佛教道理，不使邪念出现），四定根（摄心于正道，一心寂定），五慧根。这五个方面是修四念处观（观身不净，观受是苦，观心无常，观法无我）的根基，故云五根。

⑧ **阿毗昙**：阿毗达磨的略称。意译为"对法""无比法""向法"，也译为"论"，是对《阿含经》的论述。

⑨ **禅、数**：禅，指禅定。数，指法数，即"阿毗昙"。汤用彤先生释云："数者即指阿毗达磨之事数。印

度佛教,对佛之教法,综合解释,合诸门分析,或法数分类。……因其于'阿毗昙'中,特说禅定法数,故曰善开禅数也。"(汤用彤著《汉魏两晋南北朝佛教史》上册第一分第四章)

⑩ **翮**:同翼。

⑪ **随蓝**:暴风,迅速猛烈之风。

译文

安般,是出息入息的意思。禅定之道无时无刻不寄托于它,禅定之德无时无刻不依赖于它。所以安般寄托于计数出息、入息而实现守意(意识专一不散乱),四禅寓于身体而达到心定。寄于出息入息,所以有"数""随""止""观""还""净"六个阶段的差别;寓于身体,所以有初禅、二禅、三禅、四禅不同的等级。六个阶级,是要对邪念断除又断除,最后达到无为;四禅的等级,是要对欲望忘却再忘却,最后实现无欲。

因为无为,所以能成为一切有形之物的根本;因为无欲,所以能适应一切事物。由于无为是一切有形之物的根本,所以能化育万物;由于无欲能适应一切事物,所以能成就事业。成就事业,就是让事物自然成就,不去干扰它;化育万物,就是让天下的人忘却自我。外物和自我全都忘却，一心一意地守意，所以《修行经》以彼我双忘来达到寂静。达到寂静的人，一抬足，能震动大千世界；一挥手，能摸到日月；猛吹一口气，就使铁围山飞散；轻嘘一口气，就使须弥山摇动。这是凭借四禅的奇妙寂静，来驾驭六气的变化。那么，把握住寂静来驾驭万物，把握住根本来支配枝叶，有什么困难的呢？安般是十念之一，相当于五根中的念根，所以编撰《法句经》的人，把安般归类于《惟念品》。

汉朝末年，有位叫安世高的人，博学多闻，研习古籍，特别精通阿毗昙学。他所传译的佛教经典，关于禅定、法数最为详尽，《安般守意经》就是其中的一种。此经是进入佛道的根本门径，哪有不经过这一门径的呢？曹魏初年，康僧会注解此经的义理，但对义理的揭示还有不到的地方。道安我自不量力，冒昧地在前人基础上，做如下注解，好似以蚊子的翅膀来为暴风助力，以雾气来填补滋润巨大的山谷。

5 《安般守意经》序

谢敷

原典

《安般守意经》序

谢敷①

夫意也者,众苦之萌基,背正之元本。荒迷放荡,浪逸无崖,若狂夫之无所丽②;爱恶充心,耽昏无节,若夷狄③之无君。微矣哉,即之无像,寻之无朕,则毫末不足以喻其细。迅矣哉,债④跷⑤惚恍,昫⑥匝⑦宇宙,则奔电不足以比其速。是以弹指之间九百六十转,一日一夕十三亿想。

念必响报,成生死栽⑧。一身所种,滋蔓弥劫。凡在三界⑨倒见之徒,溺丧渊流,莫能自反。正觉慈愍,开示慧路，防其终凶之原渐，塞其忿欲之微兆。为启"安般"之要径，泯生灭以冥寂；申道品⑩以养恬，建十慧⑪以入微；繋九神之逸足，防七识⑫之洪流，故曰"守意"也。

若乃制伏粗垢，弗（拂）划漏结⑬者，亦有望见贸乐之士，闭色声于视听，遏尘想以禅寂，乘静泊之祯祥，纳色天⑭之嘉祚。然正志荒于华乐，昔习没于交逸。福田矜执而日零，毒根迭兴而罪袭，是以轮回五趣，亿劫难拔。婴罗⑮欲网，有剧深牢。由于无慧乐定，不惟道门使其然也。

至于乘慧入禅，亦有三辈。或畏苦灭色，乐宿泥洹，志存自济，不务兼利者，为无著乘⑯。或仰希妙相，仍有遣无，不建大悲，练尽缘缚者，则号缘觉⑰。菩萨⑱者，深达有本，畅因缘无。达本者，有有自空；畅无者，因缘常寂。自空，故不出有以入无；常寂，故不尽缘以归空。住理而有，非所缘（缚），非缘（缚）故无无所脱。⑲

苟厝心领要，触有悟理者，则不假外以静内，不因禅而成慧，故曰阿惟越致⑳，不随四禅也。若欲尘翳心，慧不常立者，乃假以安般，息其驰想，犹农夫之净地，明镜之莹刬矣。然即芸㉑耨不以为地，地净而种滋；莹刬非以为镜，镜净而照明。

故开士㉒行禅非为守寂，在游心于玄冥矣。肇自发心，悲盟弘普，秉权积德，忘期安众。众虽济而莫脱，将废知而去筌矣，是谓菩萨不灭想取证㉓也。此三乘虽同假禅静，至于建志，厥初各有攸归。故学者宜恢心宏摸，殖㉔栽于始也。

汉之季世，有舍家开士安清，字世高，安息国王之太子也。审荣辱之浮寄，齐死生㉕乎一贯，遂脱筵〔屣〕于万乘㉖，抱玄德而游化，演道教以发蒙，表神变以谅之。于时俊义㉗归宗，释华崇实者，若禽兽之从麟凤，鳞介㉘之赴虬㉙蔡㉚矣。

又博综殊俗，善众国音，传授斯经，变为晋文。其所译出，百余万言，探畅幽赜，渊玄难测。此《安般》典，其文虽约，义关众经，自浅至精，众行具举。学之先要，孰逾者乎？行者欲凝神反朴，道济无外，而不循斯法者，何异刖㉛夫之陟㉜太山，无翅而图升虚乎？

敷染习沉冥，积罪历劫，生与佛乖，弗睹神化。虽以微祚，得禀遗典，而情想繁芜，道根未固。仰欣圣轨，未一暂履㉝，夕惕㉞战惧，窹㉟焉如慑㊱。是以诚心讽诵，以钟㊲识习，每遭明睿，辄咨凝滞。然冥宗已远，义训小殊，乃采集英彦，戢而载焉。虽粗闻大要，未悟者众。于是复率愚思，推检诸数，寻求明证，遂相继续撰为注义，并抄撮《大安般》《修行》诸经事相应者，引而合之，或以隐显相从，差简搜寻之烦。

经道弘深，既非愚浅所能裁衷，又辞意鄙拙，万不畅一，只增理秽，敢云足以阐融妙旨乎！实欲私记所识，以备遗忘而已耳。倘有览者，愿亮不逮，正其愚谬焉。

注释

①**谢敷**：字庆绪，晋时会稽人。性清净寡欲，隐入太平山十余年，官府召他为官，不就，人称"吴中高士"。

②**丽**：缠绕、束缚。

③**夷狄**：古代对少数、未开化民族的称谓，东部为夷，北部为狄，认为他们愚昧落后，不知君臣、父子之礼仪。

④**偾**：奋起，动也。

⑤**跷**：快速变动。

⑥**眴**：眼珠转动。

⑦**匝**：环绕一圈（周）。

⑧**念必响报，成生死栽**：佛教认为一个人的思想、言语和行为，构成一定的"业"，必然招致相应的果报。现世的身心是前世之"业"招致的果，现世的爱染及"业"又招致来世之果。

⑨ **三界**：世俗世界中有情众生的三层境界。第一层为欲界，是具有淫欲和食欲的众生所处的境界，包括人、畜生、饿鬼、地狱等所处的境界。第二层为色界，是已脱离淫、食二欲望，但尚未脱离身体、宫殿等物质（色）的众生所处的境界，是禅定中的一种境界。第三层为无色界，是已脱离身体、宫殿等一切物质，唯以心识住于深妙之禅定的境界，是禅定中较深的境界。佛教认为处于此三界中的众生，均未摆脱生死轮回的过程。

⑩ **道品**：意译为觉支、菩提分。即为追求智慧、进入涅槃境界之修行方法。有三十七道品，具体是四意止（四念处）、四意断（四正勤）、四神足、五根、五力、七觉意（七觉支）、八正道，为达到涅槃的三十七种方法。

⑪ **十慧**：数息、随息、止、观、还、净和四谛。

⑫ **七识**：这里指的是痛、痒、思、想、生、死、识，这七种感受和意识。

⑬ **漏结**：烦恼之异名。意谓六根（眼、耳、鼻、舌、身、意）漏泄烦恼，使身心被系缚。结，系缚之义。

⑭ **色天**：即三界中的色界之天。在色天中，身体、宫殿等皆殊妙精好。

⑮ **婴罗**：缠绕、网罗。

⑯ **无著乘**：修得阿罗汉果的道路。《出三藏记集》

卷一（大正五十五·页五上）云："旧经无著果（亦应真，亦应仪），新经阿罗汉，亦言阿罗诃。"阿罗汉是小乘佛教修行的最高果位，具有断尽烦恼、应受人天供养、证入涅槃不再轮回等含义。

⑰ **缘觉**：由于观察因缘生灭（十二因缘）而达到觉悟，故名。缘觉为辟支佛，不劝化众生，欲已独解脱。

⑱ **菩萨**：菩提萨埵的略称，意译为觉有情。发大心立宏愿，进入佛道，并用佛道使众生得解脱者，或者说自觉觉他者，称为菩萨。

⑲ **住理而有……无所脱**：此句疑衍一"无"字。如《道行般若经》卷一有"譬如空，无著、无缚、无脱"之句（见大正八·页四二七下）。

⑳ **阿惟越致**：Avinivartaniya 的音译，意译"不退转"。菩萨果位之名，经历长期的修行，到达此位后，继续向佛位修行，不退堕恶趣及二乘地，故名不退转。

㉑ **芸**：通耘，锄草。

㉒ **开士**：菩萨之别名。开，明达之义。指开正道，以引导众生者。盖菩萨明解真理，能开导众生悟入佛之知见，故有此尊称。

㉓ **不灭想取证**：即不以证得无余涅槃为目标。以身心俱灭，无一物余留于世间，而入涅槃，称无余涅槃。已证入涅槃，而身心尚存于世间，以便继续教化众

生，为有余涅槃。菩萨以解救众生为己任，故不证无余涅槃。

㉔ **殖**：同植，种植也。

㉕ **齐死生**：先秦庄周的思想。庄周作《齐物论》，认为从具体事物的差别来看，大小、美丑、是非、死生是有差异的；但从"道"的角度看，这些差别又是相对的、相立依存转化的，因而是同一的、没有差别的，生即是死，死即是生，因而执着生死的差别，贪生恶死，是无知的、无意义的。

㉖ **万乘**：万辆兵车。周代的制度：天子地方千里，出兵车万乘；诸侯地方百里，出兵车千乘，故以万乘为天子。万乘是天子、帝王的象征。

㉗ **俊乂**：才能出众的人。

㉘ **鳞介**：泛指有鳞和介甲的水生动物。

㉙ **虬**：传说中的无角龙。

㉚ **蔡**：占卜用的大龟。

㉛ **刖**：古代断足酷刑。

㉜ **陟**：登上。

㉝ **暂履**：暂时停住脚步之义。

㉞ **夕惕**：语出《周易》乾卦："君子终日乾乾，夕惕若厉。"形容戒慎恐惧，不敢怠慢。

㉟ **怒**：忧思。

㊱ 憏：忧愁貌。

㊲ 钟：集中、收敛之义。

译文

　　人的意识活动，是产生各种痛苦的根基，是背离人生正道的本源。放纵情欲，无休止地寻欢作乐，追求安逸，如同狂妄之人不受任何管束；喜爱与愤恨充满于心，迷乱昏沉而不知节制，如同野蛮人没有君臣、父子的礼仪制约。人的意识活动极其细微，触摸不到它的形象，追寻不到它的行迹，毫毛的末梢也不能比喻它的细微。意识活动又极为迅速，迁流易逝，变动不居，眨眼之间周遍宇宙，闪电也比不上它的速度。所以弹指之间就有九百六十种变化，一天一夜有十三亿意念产生。

　　人的意念活动如同声响有回音一样，必然会有果报，从而播下生死轮回的种子。一个人的意念活动所播下的种子，会长久地起着作用。凡在世俗世界没有正确见解的人，都沉没于流转不息的生死苦海中，不能自我解脱。觉悟了宇宙人生真理的佛陀，以慈悲之心，为众生指出觉悟的智慧之路，防止带来恶果的根源，杜塞愤恨贪欲的苗头。因此，佛陀为众生开示"安般"这条重要门径，泯除意念的生生灭灭，达到寂静；申说"道品"以修习恬静，设立十种智慧，以逐步进入微妙境界；拴住九种意念奔逸的脚，严防七种意识活动，所以称为"守意"。

如果说到那些克制思想情欲、排除烦恼烦累的人中，有一种以禅定为乐的人，他们闭目塞听以避开音乐和美色，希望以禅定来遏制尘世的欲望，在恬静祥和中，获得色天境界中的华美和享福。然而，这种人正确的志愿却为荣华享乐所荒废，往日的修习湮灭于交欢安逸之中。其结果是，得意执着的福田日见消失，贪、嗔、痴三种根本烦恼不断出现，罪恶跟着就来了，由此就会在地狱、饿鬼、畜生、人、天五道中轮回不已，亿万年也难以摆脱。被情欲之网缠绕，如同陷入深深的牢狱。这是因为没有智慧，仅仅乐于寂定的缘故，并不是佛教的修行之道造成的。

至于通过智慧进入禅定，也有三个不同的层次。一是惧怕世间人生苦难而断灭物质欲望，以入涅槃为乐，志在自我解脱，但不利济他人，不帮他人解脱，此为声闻乘。一是仰慕希求佛的庄严美妙之相，顺有遣无，没有大慈大悲的宏愿，只是通过修习来断除诸因缘的缠缚，则叫作缘觉乘。一是菩萨乘，深深了达宇宙万有的本性，洞知因缘的本质是虚寂。所谓了达本性，就是知道一切存在的事物自身是空的；所谓洞知无，就是明了一切因缘本来是空寂的。万物出自于空，所以不需离开有而入于无；因缘本来空寂，所以不必断除因缘而归入空寂。把握空寂之理来对待宇宙万有，也就没有系缚，没有系缚也就无所谓解脱。

若是心有得于佛法要义，一接触事物就能觉悟其空寂之理的人，则不需借助外在的修持形式来使内心寂静，不需依赖禅定来产生智慧，所以证得菩萨果位的人，不拘泥于四禅。若是情欲之尘垢遮蔽了真心，智慧不能恒常保持的人，就需要借助安般来制止意识的驰骋，好比农夫把田地里的草锄干净，把明镜上的尘污擦掉。然而农夫锄草的目的不是为了田地，目的在于草锄干净了，谷物才能生长；擦拭镜上的尘污，也不是为了明镜，而是因为把明镜擦拭干净，才能清楚地照见物象。

因此开悟的菩萨修持禅定，不是为了专注于寂静，而在于使精神遨游于玄妙幽深的境界中。自从发心立下普救众生的宏大悲愿，就以灵活的方式积累功德，无休止地安顿众生。众生虽得到救济而未彻底解脱，于是应用废知去筌的禅定方式，这就是所谓菩萨不以灰身灭智来证入涅槃。以上声闻、缘觉、菩萨三乘虽然都借助禅，但他们最初立下的志愿是各不相同的。所以学人应该发大心立大志，并以此作为修行的开始。

在汉代末期，有一位抛舍家庭的开悟之士，名安清，字世高，是安息国王的太子。他审知世间的荣辱如同过往的浮云，视死生为齐一，于是舍弃万乘之国王的地位，胸怀玄远之德而游历教化，宣扬佛道以启发蒙昧，显示神奇以取信于人。于此之时，社会英杰归于他的门下，放弃世间浮华崇尚佛教的人，如同禽兽跟从麒麟凤凰，有鳞甲的动物追随无角龙和大龟一样。

安世高还广泛地了解各地的不同风俗，通晓各国的语言，传授《安般守意经》，翻译成晋朝的汉文。他传译的佛经有百余万字，探幽阐微，深奥玄妙，难以测度。这部《安般守意经》的文字虽然简约，但其中的义理牵涉到众多佛教经典，从浅显到精深，各种理法都有宣敷。以此作为首先要修习的重要佛典，谁能超越此经呢？修习者要想使精神专一、返璞归真，以佛道周济天下众生，却不以此经中的理法为依准，这与断足者想登泰山，没有翅膀想飞向天空，又有什么不同呢？

我（谢敷）由于过去昏暗无知、浸染恶习，累世积累罪过，因此生在佛教的时代，却未能亲睹佛教神奇的教化。虽然有点微小的福分，得以禀受佛教的遗典，但是各种情识杂念尚存，修习佛道的根基尚不牢固。仰慕佛法之心一刻也没有停息，战战兢兢，忧愁不安。因此虔诚地讽诵佛经，以收敛情识恶习，每当遇到智慧高明的人，就向他请教疑惑和滞碍。然而玄奥的佛典已流传久远，对其义理的解释有微小的差异，因此搜集精华，编辑收藏。虽然说粗闻大要，但未领会之处很多。于是又调动愚钝的思唯，推理检查各种法数，寻求明证，随后注解义理，并进而摘录《大安般守意》《修行》诸经典中相应的事相，合抄在一起，或许可以使义理明显的和不明显的相互连接，略为减少搜寻的烦劳。

佛经的道理宏大深奥，自然不是愚钝才浅的我能够切中精髓的，加上文意粗鄙笨拙，一万句也难以表达一种义理，只是给义理增加污秽罢了，怎敢说充分阐发融通了妙旨呢？其实只是想记录自己的理解，以备将来遗忘而已。倘若有阅读本书者，恳望指明不足之处，纠正其中的笨拙和谬误。

6 《阴持入经》序

释道安

原典

《阴持入经》序[①]

释道安

阴持入[②]者，世之深病也，驰骋人心，变德成狂，耳聋口爽，耽醉荣宠，抱痴投冥，酸号三趣[③]。其为病也，犹癞疾焉，入骨彻髓，良医拱手；犹癫蹶焉，来者冥然，莫有所识。

大圣悼兹，痛心内发，忘身安、赴荼炭、含厚德、忍舞击，观罗密于重云，止置网[④]于八极，洪痴不得振其翼，名（巨）爱不得逞其足，采善心于毫芒，拔凶顽于虎口。以大寂为至乐，五音[⑤]不能聋其耳矣；以无为为滋味，五味⁶不能爽其口矣。曜形浊世，拯擢难计。陟降教终，潜沦无名。诸无著⁷等，寻各腾逝，大弟子众，深惧妙法混然废没，于是令迦叶集结，阿难所传，凡三藏焉，该罗幽廓，难度难测也。

世雄授药⁸，必因本病，病不能均，是故众经相待乃备，非彦非圣，罔能综练。自兹以后，神通高士，各为训释，或览撰诸经，以为行式。譬璎玑⁹欤，择彼珠珍，以色相发，佩之冠之，为光为饰。喻绘事欤，调别众采，以图晖烈⑩。诸明睿者，所撰亦然，此经则是其数也。

有舍家开士，出自安息，字世高。大慈流洽，播化斯土，译梵为晋，微显阐幽。其所敷宣，专务禅观，醇玄道数，深矣远矣。是经其所出也。阴入之弊，人莫知苦，是故先圣照以止观⑪，阴结日损，成泥洹品，自非知机，其孰能与于此乎？从首至于九绝⑫，都是四十五药⑬也。以慧断知⑭入三部⑮者，成四谛⑯也。十二因缘⑰讫净法部者，成四信⑱也。

其为行也，唯神矣，故不言而成；唯妙矣，故不行而至。统斯行者，则明白四达，立根得眼，成十力⑲子，绍胄法王，奋泽大千。若取证，则拔三结⑳，住寿成道，径至应真。此乃大乘之舟楫，泥洹之关路。

于斯晋土，禅观驰废，学徒虽兴，蔑有尽漏。何者？禅思守玄，练微入寂，在取何道，犹睨㉑于掌。堕替斯要，而悕㉒见证，不亦难乎！

安未近积罪，生逢百罗，戎狄孔棘㉓，世乏圣导。潜遁晋山㉔，孤居离众，幽处穷壑，窃览篇目。浅识独见，滞而不达，夙宵抱疑，咨谘靡质。会太阳㉕比丘竺法济、并州㉖道人支昙讲，陟岨冒寇，重尔远集。此二学士，高朗博通，诲而不倦者也。遂与折槃㉗畅碍，造兹注解。世不值佛，又处边国，音殊俗异，规矩不同，又以愚量圣，难以逮也。冀未践绪者，少有微补，非敢自必析究经旨。

注释

① **《阴持入经》序**：《阴持入经》和《安般守意经》一样，是安世高的代表译作。《安般守意经》专讲禅定方法，而《阴持入经》则集中讲"五阴""十二入""十八持"。

② **阴持入**："阴"为五阴，即色、受、想、行、识，后译为"五蕴"；"入"为十二入，即眼、耳、鼻、舌、身、意六根与色、声、香、味、触、法六尘相涉而入，后译为"十二处"，义为六根六尘是产生情识之处；"持"为十八持，后译为十八界，即六根、六尘以及六根、六

尘相入而产生的眼、耳、鼻、舌、身、意六识。

③ **三趣**：六道轮回（亦称六趣）中的地狱、饿鬼、畜生，亦称"三恶趣"。

④ **置网**：捕兔的网。这里义为释迦四处求学，探寻宇宙人生的真理。

⑤ **五音**：古代音乐中的五个音级，即宫、商、角、徵、羽。

⑥ **五味**：即酸、苦、甘、辛、咸五味。

⑦ **无著**：即阿罗汉。相传佛陀成道后，初转法轮，就使他从前的五位侍者，证了小乘解脱的阿罗汉果。经中还有"千二百五十人俱，皆是大阿罗汉"的说法。

⑧ **药**：指佛的言教。佛陀对众生的教化是因材施教，如同因病施药，病不同，药亦不同。因此佛在不同的时间、地点，针对不同的人，有不同的言教，因而形成众多的佛经。

⑨ **璎玑**：即珠玉。

⑩ **晖烈**：光彩明亮强烈。

⑪ **止观**：在《阴持入经》里，"止"是指用意志收敛眼、耳、鼻、舌、身、意六根，使之不再受色、声、香、味、触、法六尘的影响，使人从情欲中解脱出来，简言之，"止"即止息人的情欲活动；"观"为观想，即通过智慧作用，按照佛教的义理去观照世界人生，从而

接受佛教的义理，断除原来的愚痴，达到至高的智慧。

⑫ **九绝**：断绝烦恼，达到清净的九种因素或九种修习内容，具体是：一止，二观，三不贪，四不恚，五不痴，六非常，七苦，八非身（人身如幻，不真实），九不净。

⑬ **四十五药**：从"一止"顺序加到"九不净"，为四十五种药。

⑭ **慧断知**：即慧知与断知。《阴持入经》里说，"知"有两种，一为慧知，是对"非常"（宇宙人生迁流变化，不能长存）、"苦"（人生是一个痛苦的历程）、"空"（人身是空）、"非身"（人是非真实的存在）的了知；二为断知，是对爱欲的断除的智慧。

⑮ **三部**：是对"阴""持""入"的统称，即五阴、十二处、十八界。后来被称为"三科"。

⑯ **四谛**：即"苦、集、灭、道"（在《阴持入经》里译作："苦、习、尽、道"），是佛教关于人生的四大真理。（一）苦谛：人生如苦海，有生、老、病、死、怨憎会、爱别离、求不得等痛苦。（二）集谛：招集苦果的原因，人生有十二种因素招致苦果，称"十二因缘"，其中根本原因是愚痴和爱欲。（三）灭谛：灭掉人生苦难。明了集谛之理，断除痴爱等十二因缘，即可消除苦难。（四）道谛：消除苦难的道路方法及结果。修

持八正道等方法，可取得涅槃解脱之果。

⑰ **十二因缘**：亦称十二缘起、十二支，是把生死轮回的全过程划分为十二个阶段，各阶段互为因果关系。具体是：（一）无明，即不懂四谛、十二因缘等佛教理论的愚昧无知。（二）行，由于无明而产生的种种思想和行为。（三）识，谓由思想行为而造成的业力，流转到新的母体，形成胎儿的心识。有神识投胎转世的意味。（四）名色，谓胎儿的五官开始形成时的身（色）心（名）状态。（五）六入，指已经发育齐备的婴儿的眼、耳、鼻、舌、身、意六种器官，即六根。（六）触，谓婴儿降生后开始接触外界事物。（七）受，谓接触外界事物而引起的痛、痒、苦、乐等感受。（八）爱，对外部事物及人自身的欲望、爱恋。（九）取，由于欲爱而对色、声、香、味等的追求贪着。（十）有，由追求、贪着而产生的善恶行为，由于有此行为，便有了导致来世果报之因。（十一）生，依前面的善恶行为而导致投生来世。（十二）老死，谓转生来世的生命体，必然衰老和死亡。佛教用这十二支说明前世、今世、来世的生命流转和生死轮回，称之为"三世两重因果"。前二支为前世因，次五支为现世果，再次三支为现世因，最后二支为来世果。

⑱ **四信**：指对"苦、集、灭、道"四谛的确信。

⑲ 十力：谓佛的十种智慧和能力。（一）知道事物之理与非理的智力；（二）知三世因果业报的智力；（三）知禅定、解脱、三昧的智力；（四）知众生能力之优劣的智力；（五）知众生种种知解的智力；（六）知众生素质和境界的智力；（七）知转生人、天和达到涅槃等因果的智力；（八）以天眼见知众生的生死及善恶业缘的智力；（九）知众生宿命和无漏涅槃的智力；（十）知永断烦恼惑业不再流转生死的智力。菩萨也具有十力：深心力、增上深心力、方便力、智力、愿力、行力、乘力、神变力、菩提力、转法轮力。

⑳ 三结：（一）见结，执着我见；（二）戒取结，行邪戒；（三）疑结，怀疑佛教心理。断除此三结，可得小乘最初果位（预流果），由此而修至罗汉果位。

㉑ 觇：察看。

㉒ 悕：想念、期望。

㉓ 孔棘：大戟，一种兵器。

㉔ 晋山：今山西省临汾市境内。

㉕ 太阳：今山西省平陵县。

㉖ 并州：古州名，山西太原古称并州。

㉗ 折槃：打破磐石，喻破除疑难滞碍。槃，通磐。

译文

"阴持入"是人世间深重的病患，它使人的思想动荡不已，使人的德性变得狂妄，使人耳朵发聋、口味损伤，耽醉于荣耀和宠爱，带着无知愚妄陷入"三趣""六道"轮回之中。这种病如同麻风病，彻入人的骨髓，高明的医师对此也束手无策；如同癫痫，无形中突然发病，人们不能预知防范。

伟大的圣者（佛陀）悲怜世间的病患，哀痛之情发自内心，于是忘却自身的安危，置身于灾难困苦之中，胸怀宽厚的德性，忍受各种折磨，于重重云雾中进行精细的观察，于四面八方探寻人生真理，再大的愚痴烦恼也动摇不了他，再大的爱也影响不了他，于极细微之处采纳善心，于虎口之中拔除凶顽。以寂静为最大的快乐，所以各种音乐都不能损伤他的听觉；以无为作为正味，再丰美的食物也不能败坏他的口味。于污浊的世间中化现，于苦难之中拯救众生。终身奔波于教化，直至寂灭，入于不可名状的涅槃。佛的诸弟子不久相继迁化，其他的弟子们深深地担心佛的妙法沉没不传，于是令迦叶召集众弟子，由阿难背诵出佛的教导，编集为经、律、论三藏，佛法三藏博大精深，不是容易测度的。

佛陀传授给众生的药，必然是根据众生固有的病情而传授的，众生的病情各不相同，所以各种经论相互结合、相互补益而更加完备，如果不是才智超群的人或圣人，是不能综合贯通的。这样一来，就有神通高明之士，各自对佛经进行注释说明，或者是遍览选编佛教诸经，作为修行的规式。这就好似珠玉，选择其中的珍品，发出各色光泽，佩在身上戴在头上，把自己装饰得光彩夺目。又好比绘画，调和各种颜色，使画面的色彩明亮强烈。聪明智慧之士对佛经的选编也是这样，《阴持入经》就是其中的一种。

有一位舍弃家业的觉悟者，出生于安息国，字世高。他把大慈大悲的佛教传播到中土，把梵文佛经译成晋朝的汉文，揭示阐发佛经的微言深义。他对佛教的传播，集中于禅定观法，而精到于法数，极为深奥而幽远。《阴持入经》就是他所译出的。由于五阴、十二入的遮蔽，人们不知道苦难的根源，所以佛陀教人们以止观洞照苦因，五阴结成的贪痴等烦恼日见减少，而成就泥洹品，如果不是有智慧的根机，谁能如此呢？从第一"止"到第九"不净"，共有四十五种治病之药。以慧知和断知而悟入"三部"，达到对"四谛"的认识。通过从十二因缘至净法部的修习而建立"四信"。

他的修行，多么的神奇，不用语言而成就；多么的玄妙，看不到行迹而到达。把握了这种修行方法的人，则聪明通达于四方，确立根本，得到要领，成为佛陀的子孙，承接佛陀的伟业，勇猛精进，利济大千世界的众生。倘若证悟，则拔除三种烦恼，延长寿命，成就佛道，直至成为阿罗汉。这是大运载的渡船，是进入涅槃的关键之路。

然而在我们晋朝这个地方，禅观驰废，学徒虽然很多，但很少有断灭情欲烦恼的。为什么呢？因为禅观在于专注于玄思，修炼到精微处，方入静寂，这时再谈如何修行，就犹如看手掌那样清楚。但若放弃了这个要领，又希望能够证入，岂不是很难吗？

道安我并没有积累罪过，但生不逢时，遇上各种患难，民族战乱不已，世上又缺乏圣贤来引导。于是隐居晋山，孤身居住，远离大众，在贫穷的深山幽谷，默默地披览佛经。由于知识浅薄，独自思索，因而思路淤滞不能畅达，心中的疑难，终日不得其解，却又找不到人请教、讨论。恰好平陵的和尚竺法济、并州的道人支昙讲，跋山涉水，冒着盗贼的风险，相继远道来相聚。这两位学士是品性高尚开朗，博学多识，诲人不倦之人。于是相互切磋，破除疑难，消除滞碍，共同为此经作注解。由于佛不生在现世，我们又处于边远国土，语言、风俗、文化等，都不同于天竺，加上知识浅陋，所以，以此来理解佛陀的教义，是难以达到的。因此，此注解只是希望对未入门的学人稍有启发，而不敢说自己一定是深入探讨了佛经的义旨。

7 《人本欲生经》序

释道安

原典

《人本欲生经》者，照乎十二因缘而成四谛也。本者痴也，欲者爱也，生者生死也。略举十二之三，以为目也。人在生死，莫不浪滞于三世，飘萦于九止[①]，绸缪[②]八缚[③]者也。十二因缘于九止，则第一人亦天[④]也。

四谛所鉴，鉴乎九止。八解[⑤]所正，正乎八邪[⑥]。邪正则无往而不恬，止鉴则无往而不愉。无往而不愉，故能洞照旁通。无往而不恬，故能神变应会。神变应会，则不疾而速；洞照旁通，则不言而化。不言而化，故无弃人；不疾而速，故无遗物。物之不遗，人之不弃，斯禅智之由也。故经曰："道从禅智，得近泥洹。"岂虚言也哉？诚近归之要也。

斯经似安世高译为晋言也。言古文悉，义妙理婉，睹其幽堂之美，阙庭⁷之富，或寡矣。安每览其文，却疲不能。所乐而观者，三观⁸之妙也；所思而存者，想灭之辞也。敢以余暇，为之撮注，其义同而文别者，无所加训焉。

注释

① **九止**：即九有情居或九众生居。意谓有情众生乐居之处有九种境界。这是在"三界"中，按照不同"有情"的喜爱，分为九种境界。第一为欲界之人天；第二为梵众天；第三为极光净天；第四为遍净天；第五为无想天；第六为空无边处；第七为识无边处；第八为无所有处；第九为非想非非想处。此九种境界是有情众生乐于居住处，除此之外，如地狱，则不是众生乐于居住处。

② **绸缪**：紧密缠绕。

③ **八缚**：八种基本烦恼，无惭、无愧、嫉妒、吝啬、懊悔、睡眠、掉举、昏沉。

④ **人亦天**：地上的人与天上的有情（天神）。

⑤ **八解**：即八解脱处：（一）内心有物欲，观外物污秽不净，而不起贪心。（二）内心无物欲，而观外物

不净，令进一步消除物欲。此二解脱为不净观。（三）净解脱，于禅定中已无不净物相，唯观光明清净光洁妙宝之物相，但亦不生贪心。（四）空无边处解脱。（五）识无边处解脱。（六）无所有处解脱。（七）非想非非想处解脱。（八）灭尽定处解脱，即断灭前七解脱处的境界，已无任何思想活动。

⑥八邪：与八解脱处相反的八种妄念。

⑦幽堂、阙庭：幽堂，深邃的堂屋。阙庭，宫殿。这里均指《阴持入经》的内容。

⑧三观：（一）观知识神传在十二因缘；（二）观知舍十二因缘，当得解脱；（三）观知造作十二因缘为受罪。

译文

《人本欲生经》这部佛经的内容是，通过对人生"十二因缘"的洞察，达到对"四谛"的领悟。所谓"本"，就是十二因缘中的"痴"（即无明）；所谓"欲"，就是十二因缘中的"爱"；所谓"生"，就是十二因缘中的"生死"。此经是略举十二因缘中的三项作为题目。人在生死轮回的长河中，无不流转于三世，飘荡于九有情居，受八种烦恼的缠绕。十二因缘在九有情居中，属于第一欲界中的人与天。

四谛所鉴察的，在于鉴察九有情居。八解脱处所要对治的，是对治八种邪妄。对治了八种邪妄，则心神无往而不恬静；鉴察了九有情居，则心神无往而不愉悦。心神无往而不愉悦，所以其洞照力能通达于各个方面。心神无往而不恬静，所以能神通变化、感应一切。神通变化、感应一切，则不见疾行而极为迅速；洞照通达于各个方面，则不用语言而实现教化。不用语言而实现教化，所以没有不被教化的人；不见疾行而极为迅速，所以没有不被感应的物。没有不被感应的物，没有不被教化的人，这就是禅智的作用。所以经中说："按照禅智来修行佛道，能够达到涅槃。"这哪里是空话呢？实在是归向佛道的要旨。

此《人本欲生经》大概是安世高翻译为晋朝汉语的。其语言古朴而内容悉备，义旨微妙而道理委婉，观其幽堂之优美，宫廷之富丽，也许是少有的。道安我每次览阅经文时，总不知疲倦。我所乐于了解的，是其中三观的微妙；我所牢记不忘的，是其中关于以观想灭妄念的论述。利用余暇的时间，贸然地为此经作注解，其中对于意思相同而语言表达不同的地方，就没有加以注释。

8 《道行经》序

释道安

原典

大哉智度①，万圣资通，咸宗以成也。地含日照，无法不周②。不恃不处，累彼有名。既外有名，亦病无形，两忘玄漠，块然无主，此智之纪也。

夫永寿莫美乎上乾③，而齐之殇子④；神伟莫美于陵虚⑤，而同之涓滞；至德莫大乎真人⑥，而比之朽种；高妙莫大乎世雄⑦，而喻之幻梦。由此论之，亮为众圣宗矣。何者？执道⑧御有，卑高有差，此有为之域耳，非据真如、游法性，冥然无名也。据真如游法性，冥然无名者，智度之奥室也。名教远想者，智度之蘧庐⑨也。

然存乎证者，莫不契其无生⑩而惶眩；存乎迹者，莫不忿其荡冥而诞诽。道动必反,优劣致殊,眩诽不其宜乎!不其宜乎!

要斯法也,与进度⑪齐轸,逍遥俱游。千行万宜(定),莫不以成。众行得字⑫,而智进令(全)名。诸法参相成者,求之此列也。且其经也,进咨第一义,以为语端。追述权便⑬,以为谈首。行无细而不历,数无微而不极。言似烦而各有宗,义似重而各有主。琐见者庆其迩教而悦寤,宏哲者望其远标而绝息。陟者弥高而不能阶,涉者弥深而不能测。谋者虑不能规,寻者度不能尽。既窈冥矣,真可谓大业渊薮,妙矣者哉!

然凡谕之者,考文以征其理者,昏其趣者也;察句以验其义者,迷其旨者也。何则?考文则异同每为辞,寻句则触类每为旨。为辞则丧其平(卒)成之致,为旨则忽其始拟之义矣。若率初以要其终,或忘文以全其质者,则大智玄通,居可知也。

从始发意,逮一切智⑭,曲成决着,八地⑮无深(染),谓之智也,故曰"远离"⑯也。三脱⑰照空,四非明有,统鉴诸法,因后成用,药病双亡,谓之观也。明此二行,于三十万言,其如视诸掌乎!颠沛造次,无起无此也。

佛泥洹后,外国高士抄九十章为《道行品》⑱。桓灵之世,朔佛赍诣京师,译为汉文。因本顺旨,转音如已，敬顺圣言，了不加饰也。然经既抄撮，合成章指，音殊俗异，译人口传，自非三达，胡能一一得本缘故乎？由是《道行》颇有首尾隐者，古贤论之，往往有滞。士行[19]耻此，寻求其本，到于阗乃得，送诣仓垣，出为《放光品》，斥重省删，务令婉便，若其悉文，将过三倍。善出无生，论空特巧，传译如是，难为继矣。二家所出，足令大智焕尔阐幽。支谶[20]全本，其亦应然。何者？抄经删削，所害必多，委本从圣，乃佛之至戒（诫）也。

安不量末学，庶几斯心，载咏载玩，未坠于地[21]。检其所出，事本终始，犹令析（折）伤玷缺[22]，厌然无际[23]。假无《放光》，何由解斯经乎？永谢先哲，所蒙多矣。今集所见，为解句下，始况现首，终隐现尾。出经见异，铨其得否，举本证抄，敢增损也。幸我同好，饰其瑕谪也。

注释

① **智度**：以智慧渡过生死苦海，到达涅槃彼岸。"智度"的梵文音译是"般若波罗蜜多"。"般若"义为智慧，但不是世俗所谓的智慧，而是能使人脱离生死苦海的佛教的特殊智慧，是体悟了佛教真理的智慧，在佛

教中又称之为"圣智""真智"。"波罗蜜多",义为渡到彼岸。

②**无法不周**:《道行般若经·昙无竭品》云:般若波罗蜜"如虚空,无所不至,无所不入,亦无所至,亦无所入","般若者,入于一切有形,亦入一切无形"。

③**上乾**:在《周易》里,乾为天,坤为地,上乾可能是上天。

④**殇子**:夭折的婴儿。此语源于《庄子》。《庄子·齐物论》云:"天下莫大于秋毫之末,而太山为小;莫寿于殇子,而彭祖为夭。"

⑤**陵虚**:帝王的宗庙、墓地。

⑥**真人**:是《庄子》中的理想人物,是自我完全融化于道,超越了物质、运动、时间、空间的一切限制,达到绝对自由自在的人,在《庄子》书中又称之为"至人""圣人""神人"。

⑦**世雄**:佛的称号之一。般若经典宣说一切皆空的观点,不论此岸世界还是彼岸世界,皆因缘所生,虚幻不实,因此佛的三十二相、八十种好等庄严妙相,亦是虚幻不实。

⑧**道**:这里的"道",可能指儒家和道家所谓的"道"。

⑨**蘧庐**:旅社。

⑩ **无生**：即无生法，与涅槃、实相、法性等含义相同。佛教认为一切现象之生灭变化，都是世间众生虚妄分别的产物，其本质是无生无灭的。《仁王经》卷中云："一切法性真实空，不去不来，无生无灭，同真际，等法性。"

⑪ **进度**：十度（十波罗蜜）之一，义为以勇猛精进的修行渡过苦海，到达彼岸。包括"被甲精进"（甲为铠，谓坚固不破义）、"摄善精进"、"利乐精进"，称为"进度之三行"。

⑫ **字**：名称文字。般若空观认为，一切诸法本自空寂，只是名字，名字亦空。

⑬ **权便**：亦称为方便胜智或方便善巧，指随顺世俗众生的现实思想状况，因势利导地引导众生开悟。

⑭ **一切智**：即佛智。能于一切境界中知其空性，而无丝毫迷惑，故名一切智。

⑮ **八地**：修行成佛，由浅入深，有十个阶次，名十地，第八个阶次为不动地，谓不断地生起无相之智慧，不为一切事相烦恼所迷惑动摇。

⑯ **远离**：《道行般若经》中有《远离品》。

⑰ **三脱**：以取得"空""无相""无愿"的认识而得解脱迷惑的智慧。《道行般若经·怛竭优婆夷品》云："菩萨有三种事，向三昧门，守三昧门，一者空，

二者无相，三者无愿，是三者有益于般若波罗蜜。"

⑱**《道行品》**：关于《般若经》，僧祐在本书卷二云："支谶出《般若道行品经》十卷……竺朔佛出《道行经》一卷，道行者，般若抄也。朱士行出《般若放光经》二十卷，一名旧《小品》。竺法护更出《小品经》七卷……鸠摩罗什出新《大品》二十四卷、《小品》七卷。"

⑲**士行**：即朱士行。曹魏时代颍川地方人，少年出家，专心精研佛典，常在洛阳讲解当时的流行译本《道行般若经》，但觉此译本删略颇多，脉络模糊，故发愿寻找原本。后果在于阗得到《放光般若经》梵本，凡九十章，六十余万字，由其弟子弗如檀（意译法饶）带回洛阳，元康元年（公元二九一年）由无罗叉、竺叔兰于仓垣（今河南开封）水南寺译出。朱士行本人则留于西域，八十岁病故。

⑳**支谶**：即支娄迦谶的简称。是稍迟于安世高来华的译师。所译经书上属大乘经典，可说是大乘典籍在汉土译传的开端。其所译佛经中比较重要的是《般若道行品经》和《般舟三昧经》。僧祐在《出三藏记集》卷十三《支谶传》称："支谶，本月支国人也。操行淳深，性度开敏，禀持戒法，以精勤著称。讽诵群经，志存宣法。汉桓帝末，游于洛阳。以灵帝光和、中平之间，传

译胡文，出《般若道行品》《首楞严》《般舟三昧》等三经，又有《阿阇世王》《宝积》等十部经，以岁久无录，安公校练古今，精寻文体，云似谶所出。凡此诸经，皆审得本旨，了不加饰，可谓善宣法要，弘道之士也。后不知所终。"

㉑ **未坠于地**：未曾放下，未曾中断。

㉒ **析伤玷缺**：剔除玉中斑点。玷缺，玉有斑点，喻其物事有美中不足。

㉓ **厌然无际**：极大的快慰，无限的满足。

译文

伟大呀！般若波罗蜜这种超凡的智慧，一切圣贤都要借着它才能通达无碍，都要敬仰它才能成就道业。它无处不在，周遍于大地所载、日光所照的一切万物。它不依存于某一物，亦不停留于某一处，一切名称都成为它的累赘。既舍弃有名，又泯除无形，有名和无形两者双忘，进入深邃空寂的境界，如同土块木石，无思无欲、无知无为，这就是般若智慧的精要。

世界上的长寿，没有比得上"上乾"的了，但与般若相比起来，则如同夭折的婴儿；世界上的神圣壮观，没有比得上"陵虚"的了，但与般若相比，则如同不流动的细水；世界上的道德，没有比"真人"更高的了，但以般若看来，如同腐朽之物；讲高大美妙，没有超过世之大雄，但以般若看来，也如梦幻一样不实。由此看来，般若的确可以成为一切至贤的宗旨。为什么？执着"道"驾驭万物，存有卑贱与高贵的分别，这在佛教看来，属于"有为法"的范围，而不是佛教的契入真如、冥会万法的空寂本体，泯灭一切名称概念的绝对无分别状态。契入真如、冥会万法的空寂本体，泯灭一切名称概念的绝对无分别，是般若波罗蜜多的内在奥妙所在。名称、言教及深思远虑，只是般若波罗蜜多的旅社而已。

然而，取得证悟的人，无不因契入"无生"而恍然大悟；追求名称言教这些表面迹象的人，无不愤怒地指斥，般若流于不着边际的黑暗之中。事物变化的法则总是向反面转化，优秀的和拙劣的导致分途，恍然大悟与诋毁斥责这两种表现不正好说明这一点吗？

要而言之，般若的修持，既坚定不移地勇猛精进，又逍遥自在地毫无执着。一切修行和禅定，无不由此而成就。如果真正领悟到修行各阶段名称的虚幻不实，那就成全了"智慧前进"这个名称。各种事物相互差异又相互成就，也可从这里找到例证。而且，在《道行般若经》里，一方面，以追问真如实相为每次说法的开头；

另一方面，又以宣说随顺世俗为谈论的要点。涉及修行的一切细小方面，触及法数的一切微妙之处。其语言似乎烦琐但有其宗要，其义理似乎重复但各有主旨。见解细微的人，欣赏其语意深远的言教而愉快地领悟；见解高深的人，望见其远大的标帜而叹息绝倒。攀登得越高，越觉得不能达到其顶点；探寻得越深，越觉得深奥难测。追求者不能用思虑把握它，探寻的人不能用推理得到它。幽深玄奥，真可以称得上是伟大事业的宝库，多么奇妙啊！

然而，凡是说明它的人，希望从文字中考察出义理，那只能迷失其旨趣；希望从语句中察寻其含义，那只能是迷惑其宗旨。为什么呢？因为考察文字，就只看到各种言辞的异同；探寻语句，就只注意到每类语句的义旨。只看到言辞的异同，就会丧失最终的归趣；只注意每类语句的义旨，就忽略了最初的宗旨。但如果把握最初的宗旨并贯穿始终，或者忘却文字而把握本质，那就与般若智慧玄妙地贯通，这是断然可知的。

从开始起念修行，到获得"一切智"，多方成就，坚定精进，进入第八地，没有迷惑，这就是所谓的"智"，所以叫作"远离"一切尘垢的束缚。三解脱法是洞照一切皆空，"四非"则明了万有非无，将前后二者统一起来观照万物，则前后相辅相成，佛教文字和烦恼都消除，称为"观"。明白了修行中"智"与"观"这两方面，对于三十万言的般若经文的理解，就如同观察自己的手掌一样清楚了，无论是颠沛流离，还是匆忙紧迫，都不会迷失。

佛陀涅槃后，外国高明学士抄录九十章，名为《般若道行品经》。东汉桓帝至灵帝时，竺佛朔带至京师洛阳，译成汉文。因顺经典的文意，仅把梵音译为汉语而已，尊重顺从佛陀的语言，完全不加修饰。然而，虽然经典已经抄录，按文意编成章节，但由于中国和印度语言不同，风俗各异，加之译者口头传诵，如果不具有非凡的才智，怎能一一如实地领会经文的来龙去脉呢？因此，《道行般若经》颇有不见头尾之感，古时贤人对此经的论述，往往有不通达之处。朱士行对此感到惭愧和不满，于是寻求经文原本，到于阗才获得，送到仓垣，译为《放光般若经》，省去重复之处，务必使译文简约明了，如果是全文翻译，将超过现在的三倍。译文善于表达无生法忍，论述空观特别巧妙，如此好的传译，以后很难有人继承下来。无罗叉和竺叔兰共同译出的《放光般若经》，足以使般若这种伟大智慧的奥妙显示出来。支娄迦谶所译的《般若道行品》全本，也应当作如是观。为什么呢？因为抄录经典或进行删削，其害处必然很多，原原本本地顺从圣人的说法，乃是佛最重要的告诫。

　　道安我虽是浅薄的后学之辈，但对般若的诵咏玩味之心，几乎没有中断过。检查已翻译的般若经典及本末始终，就如剔除玉中斑点，感到无限满足。假如没有《放光般若经》，怎么能理解《道行般若经》呢？永远要感谢先哲们，使我受到许多启示。现在汇集我的见解，做解释于经文之下，使首尾隐然可见，举出不同经典，审订其得与失，以全本纠正抄本，加以增损。希望我的同好能原谅我的缺失疏浅之处。

9 合放光光赞略解序

释道安

原典

《放光》《光赞》，同本异译耳。其本俱出于阗国持来，其年相去无几。《光赞》，于阗沙门祇多罗，以泰康七年赍来，护公①以其年十一月二十五日出之。《放光》②分，如檀以泰康三年，于阗为师送至洛阳，到元康元年五月，乃得出耳。先《光赞》来四年，后《光赞》出九年也。③

《放光》，于阗沙门无罗叉执胡，竺叔兰为译。言少事约，删削复重，事事显炳，焕然易观也。而从约必有所遗于天竺辞，及腾每本兰焉。

《光赞》，护公执胡本，聂承远笔受，言准天竺，事不加饰，悉则悉矣，而辞质胜文也。每至事首，辄多不便,诸反复相明,又不显灼;考其所出,事事周密耳。互相补益,所悟实多。恨其寝逸凉土九十一年,几至泯灭。乃达此邦也,斯经既残不具。

并《放光》寻出,大行华京,息心居士禽然传焉。中山支和尚,遣人于仓垣,断绢写之,持还中山。中山王及僧众,城南四十里,幢幡迎经。其行世如是。是故《光赞》,人无知者。

昔在赵魏,并得其第一品,知有此经,而求之不得。至此会慧常、进行、慧辩等,持(将)如天竺,路经凉州,写而困焉。展转秦雍,以晋泰元元年五月二十四日,乃达襄阳。寻之玩之,欣有所益,辄记其所长,为略解如左:

般若波罗蜜者,无上正真道之根也。正者等也,不二入也。等道有三义焉:法身也、如也、真际④也。故其为经也,以如为始,以法身为宗也。如者,尔也,本末等尔,无能令不尔也。佛之兴灭,绵绵常存⑤,悠然无寄,故曰如也。法身者,一也,常净也,有无均净,未始有名。故于戒则无戒无犯,在定则无定无乱,处智则无智无愚。泯尔都忘,二三尽息,皎然不缁,故曰净也,常道也。

真际者,无所着也,泊然不动,湛尔玄齐,无为也,无不为也。万法有为,而此法渊默,故曰无所有者，是法之真也。由是其经，万行两废，触章辄无也。何者？痴则无往而非徼，终日言尽物也，故为八万四千⑥尘垢门也；慧则无往而非妙，终日言尽道也，故为八万四千度无极⑦也。所谓执大净而万行正，正而不害，妙乎大也。

凡论般若，推诸病之强服者，理彻（辙）者也；寻众药之封域者，断迹者也。高谈其彻（辙）迹者，失其所以指南也。

其所以指南者，若《假号章》之"不住"，《五通品》之"不贡高"⑧，是其涉百辟而不失午⑨者也。宜精理其辙迹，又思存其所指，则始可与言智已矣。何者？诸五阴至萨云若⑩，则是菩萨来往所现法慧，可道之道⑪也。诸一相无相，则是菩萨来往所现真慧，明乎常道也。可道，故后章或曰世俗，或曰说已也；常道，则或曰无为，或曰复说也。此两者同谓之智，而不可相无也。斯乃转法轮之目要，般若波罗蜜之常例也。

注释

① **护公**：即竺法护，梵文音译为昙摩罗刹。是世居敦煌的月支侨民，原以支为姓，八岁依竺高座出家，改姓竺。他有感于当时佛教只重寺庙图像，忽略了西域

大乘经典的传译的状况，因此决心弘法，随师西游。他通晓西域三十六种语言文字，搜集大量经典原本，回到长安。译出经论一百五十余部，三百多卷。所译经论种类繁多，有般若类、华严类、涅槃类、宝积类等，几乎具备了当时西域流行的主要经籍。僧祐在本书卷十三《法护传》中称竺法护"孜孜所务，唯以弘通为业，终身写译，劳不告倦，经法所以广流中华者，护之力也。"

②**《放光》**：本卷载未详作者的《放光经记》云："惟昔大魏，颍川朱士行，以甘露五年出家学道为沙门，出塞西至于阗国，写得正品梵书，胡本九十章、六十万余言。以太康三年遣弟子弗如檀，晋字法饶送经。胡本至洛阳，住三年，复至许昌。二年后至陈留界仓垣水南寺。

"以元康元年五月十五日，众贤者皆集议晋书正写。时执胡本者，于阗沙门无罗叉。优婆塞竺叔兰口传，祝太玄、周玄明共笔受。正书九十章，凡二十万七千六百二十一言。时仓垣诸贤者等，大小皆劝助供养。至其年十二月二十四日，写都讫。"

③**先《光赞》来四年……出九年也**：此句意为《光赞般若经》的传入与译出是同一年，而《放光般若经》是传入九年后才译出的。

④**法身、如、真际**：这三个概念均指万法的本体实相，是从不同角度表达本体实相。

⑤ **绵绵常存**：《老子》第六章有"绵绵若存"之句，任继愈释，绵绵即冥冥、无形象。

⑥ **八万四千**：佛教中常以此数显物之多。如：八万四千尘劳、八万四千法门、八万四千由旬、八万四千烦恼、八万四千塔、八万四千岁、八万四千病等等。

⑦ **度无极**：即波罗蜜。能渡无量众生到达涅槃彼岸之义。

⑧ **贡高**：慢心自高，即自傲自大、执着己见、自以为是。

⑨ **午**：日中为午，意谓中心、主旨。

⑩ **萨云若**：又写为萨婆若，"一切智"的梵文音译。

⑪ **可道之道**：可以言说的道理。源出于《老子》第一章"道可道，非常道"。《老子》把道分为两种，一种是可以言说的道（"可道"）；一种是不可言说的永恒之道（"常道"）。"可道"指具体事物的法则，如天道、地道、人道；"常道"指宇宙万物的根本法则和本源，"常道"的特点是无形无名、无欲无为、永恒长存。道安在这里吸收了《老子》的这一思想。

译文

《放光般若经》与《光赞般若经》，是同一部经典的两种译本。这两种译本都是从于阗国传到内地来的，传来的时间相距很近。《光赞般若经》是由于阗佛教僧人祇多罗在太康七年（公元二八六年）带来，竺法护于同年十一月二十五日译出。《放光般若经》则是弗如檀于太康三年（公元二八二年）受其师（朱士行）的派遣，从于阗送至洛阳，到元康元年（公元二九一年）五月译出。传来的时间比《光赞般若经》早四年，译出的时间比《光赞般若经》晚九年。

《放光般若经》是于阗僧人无罗叉手执胡本，竺叔兰口译的。言语精练，崇尚简约，删减了重复之处，从而使每项内容都凸显易见，一目了然。然而崇尚简约，就必然对印度佛教经文有所割舍，及誊写时总是以竺叔兰翻译的为依准。

《光赞般若经》是竺法护手执胡本，聂承远执笔记录，译文完全依照印度文句直译，不加修改润饰，内容虽然详尽，但言辞直拙，缺少文采。每逢一件事的开头，总不易理解，参照其他事项来印证，又不太明显；但考察其原文，则每件事的来龙去脉都是周密的。相互补充增益，所得到的启发实在很多。但遗憾的是此经在凉州（今甘肃武威境内）埋没九十一年，几乎泯灭，才传到内地来，此经已经残缺不全。

不久，《放光般若经》译出，盛行于华夏京师，追求内心清净的居家信徒莫不传诵。中山（今河北省定州市唐县一带）支和尚派人到仓垣，用断绢写之，带回中山。中山地方的最高长官以及众多佛僧，于中山城南四十里处，持幢幡隆重迎接此经。《放光般若经》在当时的流传情况就是这样。因此之故，《光赞般若经》便无人知晓。

过去十六国时的赵、魏，都得到《光赞般若经》的第一品，内地知道有此经，而无法取得。至此，正好有慧常、进行、慧辩等人将到印度，途中经过凉州时，抄写了此经，但传送遇到困难。后来辗转于陕西、甘肃、青海一带，于东晋太元元年（公元三七六年）五月二十四日送达湖北襄阳。我阅览钻研，欣然有所领悟，于是把心得记录下来，对此经略加以解释如下：

般若波罗蜜，是实现最高无上的佛道的根本。"正"，是体入万法一实平等之理，无彼此分别的意思。"等"的含义有三：法身、真如、真际。所以作为般若经典，就是以真如为始基，以法身为宗旨。"如"的含义是如实那样，是事物本体和现象齐一，无分别的状态，任何人也不能改变它的本来状态。佛的兴灭，无形而长存，悠然自在，无所依托，所以称为"如"。"法身"，是不能分别的不二之体，永恒清净，既不是有也不是无，从来没有名称。所以，在戒律方面，既不执着戒律，亦不违犯戒律；在禅定方面，既不执于禅空，亦不心烦意乱；在智慧方面，既没有智慧，也没有愚痴。一切全都泯灭忘却，一切妄想分别全都止息，明净无染，所以称为"净"，称为永恒不变的道。

"真际"，就是没有任何染着，自在安然不变动，清净自足，它无所作为，而又能无所不为。万事万物是有生灭变化的，而真际是全然静寂的，所以说没有任何执着的才是事物的真实本性。因此，《般若经》讲所有修行都要舍弃彼此、物我、有无等一切分别，几乎每一章都讲到"无"。为什么呢？若是虚妄无知，就要时时处处追求对事物的清楚认识，整天所说的都是如何认识物，所以陷入八万四千烦恼之中；若是具有般若智慧，就能时时处处以微妙的智慧对待一切，整天讲的都是佛教的根本道理，所以能成就八万四千波罗蜜。这就是所谓把握住清净本体这个根本，一切修行都会端正，修行端正而无偏差之害，其妙用是非常大的。

大凡谈论般若者，若只是为了摆脱各种烦恼不得已而修持般若，那只是谈论般若之理的外在作用；若寻求各种经文的适用范围，那只是判定般若之理的具体表现。高谈阔论般若的外在作用和具体表现，就失去了般若的根本宗旨。

般若的根本宗旨，诸如《假号品》里的"不住"，《五通品》中的"不贡高"，就是行走一百条路也不会丧失主旨。应该是既精于般若波罗蜜的外在作用和具体表现，又能时刻不忘般若波罗蜜的根本宗旨，才可以谈论什么是般若智慧。为什么呢？因为从色、受、想、行、识五阴到"一切智"，都是菩萨在救度众生的过程中表现出来的随机应变的智慧，是可以言说的道。至于万法真实本体的虚寂实相，则是菩萨在救度众生过程中表现的真实智慧，是永恒不变的道。可以言说的"道"，即后面章节里称之为"世俗"或"说已"的内容；永恒的"道"，则称之为"无为"或"复说"的内容。这两者都称为"智"，而不可相互割裂开来，这乃是宣说佛法的纲要，是般若波罗蜜的恒常法则。

10 《首楞严三昧经》注序

未详作者

原典

《首楞严三昧经》①注序

未详作者

"首楞严三昧"②者，晋曰"勇猛伏定意"也。谓十住③之人，忘当④而功显，不为而务成。盖勇伏之名，生于希尚者耳。虽功高天下，岂系其名哉！直以忘宗而称立，遗称故名贵。训三千，数（敷）典诰，群生瞻之而弗及，钻之而莫喻。自非奇致超玄，胡可以应乎！圣录所谓勇猛者，诚哉难阶也。

定意者，谓迹绝仁智，有无兼忘。虽复寂以应感，惠泽仓生，何尝不通以仁智，照以玄宗？所以寂者，未可得而分也。故其篇云："悉遍诸国，亦无所分，而于法身不坏也。"谓虽从感若流，身充宇宙，岂有为之者哉！谓化者以不化为宗，作者以不作为主，为主其自忘，焉像可分哉！

若至理之可分，斯非至极也。可分则有亏，斯成则有散，所谓为法身者，绝成亏，遗合散。灵鉴与玄风齐踪，员神与太阳俱畅。其明不分，万类殊观。法身全济，非亦宜乎！故曰不分无所坏也。

"首楞严"者，冲风冠乎知丧，洪绪在于忘言，微旨尽于七位，外迹显乎三权。洞重玄之极奥，耀八特之化谷。插高木之玄标，建十准以伺能，玩妙旨以调习，既习释而知玄。遗慈故慈洽，弃照而照弘也。故有陶化育物，绍以经纶，自非领略玄宗，深致奇趣，岂云究之哉！

沙门支道林⑤者，道心冥乎上世，神悟发于天然，俊朗明彻，玄映色空，启于往数，位叙三乘。余时复畴咨⑥，豫⑦闻其一，敢以不敏，系于句末，想望来贤，助删定焉。

（安公《经录》云：中平二年十二月八日，支谶所出其经，首略"如是我闻"，唯称"佛在王舍城灵鹫顶山中"。）⑧

注释

①《首楞严三昧经》：简称《楞严经》，是宣说大乘禅观的经典。宣称"首楞严三昧"是达到"勇者"（十地菩萨）的禅定。一切禅定、解脱、三昧、神通如意、无碍智慧，皆包含在这个"首楞严三昧"之中。如果能修行到此地步，就可以达到涅槃，永恒不灭。此经自东汉以来，有八种译本，现通行鸠摩罗什译本，二卷，其他皆佚。

② 首楞严三昧："首楞严"意译为"健相""勇健""勇伏"，"三昧"为专注一境的"定"。"首楞严三昧"，谓是诸佛和十地菩萨所得禅定，此禅定中的诸佛菩萨具有勇猛坚固之相，一切邪魔烦恼不能干扰破坏，能了知一切修行的深浅，具有一切神通。

③ 十住：亦称十地。谓菩萨修行有十个阶位。《首楞严三昧经》称，唯有进入第十地的菩萨乃能得首楞严三昧。

④ 忘当：忘却如何做为适当，即自然而然，不着意于所为。

⑤ 支道林：又名支遁，世称支公、林公。生于公元三一四年，卒于公元三六六年。本姓关，陈留（今河南省开封市东北）人。家世事佛，自幼读经，早悟佛

理。二十五岁出家，讲解经论，不拘文句，于"章句或有所遗，时为守文者所陋"，但受到玄学家赞赏。与谢安、王羲之等交游，以好谈玄理闻名当世，所注《庄子·逍遥游》云："群儒旧学莫不叹服。"支遁于佛经尤精于《般若经》，对般若空观有独自的见解，作《即色游玄论》，创般若学"即色"义，主张"色不自有，虽有而空"（物质现象不是自己形成的，所以是空）的"即色本空"论，成为当时般若学"六家七宗"之一。

⑥ **畴咨**：即畴咨，语出《尚书·尧典》："帝曰：畴咨若时登庸。"后来用作访问、访求之义。

⑦ **豫**：通"与"，给予。

⑧ 括号内是僧祐的注解，下同。

译文

"首楞严三昧"，用汉语来说，就是"勇猛伏定意"。说的是修行达到"十住"的人，自然行事而功德显赫，无须作为而事业成就。"勇猛伏"这个称谓的得来，是难能可贵的，是极稀少的。即使说功德盖于天下，也不足以表达"勇猛伏"这个名称。完全是忘却一切名相，才有这个名称的产生；舍弃一切称谓，才显得这个名称的稀贵。这样的名称能训释三千世界、敷陈典籍文告，众生仰慕它而望尘莫及，深入钻研它也不明白。如果不具有神奇非凡的功德智慧，怎能符合这一名称呢？佛经中所谓的"勇猛"，实在很难达到。

"定意"，是说断绝了仁与智等一切行迹，有与无全都忘却，处于绝对寂静状态。然而，虽然寂静，却能应对所感知的一切，以恩惠滋润众生，这何尝不是以仁慈和智慧通达于众生，以佛教的玄妙之理洞照于宇宙万有呢？寂静的佛体是不能分割的。所以《首楞严三昧经》中说："寂静的佛体，遍游一切国土，而自身亦是一体不分，对于法身没有任何损害。"这是说虽然感应如同流水迅速，佛身充满宇宙，又哪里是有意于所为呢？意思是说，教化者以不教化为根本，造作者以不造作为主旨，作为主旨是忘却自我，哪里是佛身的色相可以分割呢？

如果终极的理是可以分割的，那就不是终极的理了。可以分割就有污损，有合成就有离散，而作为佛身没有成与亏、合与散的特性。奇妙的照鉴作用如同玄风（道），无处不在、无时不有；圆满而神应，如同太阳的光辉，普照宇宙万有。太阳的光明没有被分割，而映照在万物上却各各不同。佛身一体，却周济众生，不也是这个道理吗？所以说佛身没有分割，也就没有损害。

"首楞严"意味着：以虚寂之理为统帅而绝弃知识，

宏大的宗旨在于忘却言辞，微妙的义旨贯穿于七地，外在的行迹表现于三种权便。洞察玄之又玄的终极奥妙，显示八种特有的教化途径。树立远大的目标，建立十种标准（十地）来测验修行的程度，玩味玄妙的旨趣来消除习气，随着习气的消除而体悟玄妙宗旨。不行仁慈而仁慈自然普施，不刻意洞照而洞照自然广大，所以才有陶冶化育万物，经纬天下的功德。倘若不是领悟把握了根本宗旨，深通非凡的旨趣，怎敢说已达到究竟了呢？

僧人支道林，崇尚佛教之心与古贤相契合，神妙的领悟自然而然地产生，天资聪睿明达，深悟色空之理，受启迪于往世的佛教经论，修行达到三乘之位。我时常向他请教，聆听他的高见，才疏学浅的我，把他的高见记录在经文的句下，希望将来的贤者给予订正。

（道安的《经录》云：中平二年（公元一八五年）十二月八日，支娄迦谶译出的此经，开头省略了"如是我闻"一句，直接称"佛在王舍城灵鹫顶山中"。）

11 《法句经》序

未详作者

原典

《法句经》[1]序

未详作者

《昙钵偈》者,众经之要义。昙之言法,钵者句也。而《法句经》别有数部,有九百偈或七百偈,及五百偈。偈者结语,犹诗颂也。是佛见事而作,非一时言,各有本末,布在众经。

佛一切智,厥性大仁,愍伤天下,出兴于世,开现道义,所以解人,凡十二部经总括其要;别有四部《阿含》,至去世后,阿难所传。卷无大小,皆称"闻如是,处佛所",究畅其说。是后五部沙门[2],各自钞采经中四句六句之偈，比次其义，条别为品，于十二部经，靡不斟酌③，无所适名，故曰《法句》。夫诸经为法言，《法句》者犹法言也。

近世葛氏传七百偈，偈义致深，译人出之，颇使其浑漫。惟佛难值，其文难闻。又诸佛兴，皆在天竺，天竺言语，与汉异音，云其书为天书，语为天语④，名物不同，传实不易。唯昔兰调、安侯世高⑤、都尉⑥、弗调⑦译胡为汉，审得其体，斯以难继。后之传者，虽不能密，犹尚贵其实，粗得大趣。

始者，维祇难⑧出自天竺，以黄武三年，来适武昌，仆⑨从受此五百偈本，请其同道竺将炎⑩为译。将炎虽善天竺语，未备晓汉，其所传言，或得胡语，或以义出音，近于质直。仆初嫌其辞不雅，维祇难曰："佛言依其义不用饰，取其法不以严，其传经者，当令易晓，勿失厥义，是则为善。"座中咸曰："老氏称：'美言不信，信言不美。'⑪仲尼亦云：'书不尽言，言不尽意。'⑫明圣人意，深邃无极。今传胡义，实宜径达。"

是以自竭，受译人口，因循本旨，不加文饰。译所不解，则阙不传，故有脱失，多不出者。然此虽辞朴而旨深，文约而义博，事钩众经，章有本故，句有义说。其在天竺，始进业者，不学《法句》，谓之越叙⑬。此乃始进者之鸿渐，深入者之奥藏也。可以启蒙辩惑，诱人自立。学之功微而所苞者广，实可谓妙要者哉！

昔传此时，有所不出，会将炎来，更从咨问受此偈等，重得十三品，并挍（校）往故，有所增定，第其品目，合为一部，三十九篇，大凡偈七百五十二章。庶有补益，共广闻焉。

注释

①**《法句经》**：一译《法句集经》《法句集》《法句录》《昙钵经》《昙钵偈》等，经文采取散见于早期佛经中的偈颂，分类编集而成，在印度被视为佛教初学者入门的读物。通行汉译本有：印度法救撰，三国吴竺将炎、支谦译（按：另有其他说法），二卷、三十九品、七五二偈，为《法句譬喻经》中三十九品之法句。异译本有北宋天息灾译《法集要颂经》四卷。又，巴利文本有二十六品、四二三偈，收在巴利文三藏《小部》中，至今仍为南传佛教信徒的必读书。

②**五部沙门**：即史称的小乘五部沙门。佛灭后百年，付法藏第五世优婆鞠多门下有弟子五人，对于戒律各抱异见，遂使律藏分为五派。分别为：昙无德部、萨婆多部、弥沙塞部、迦叶遗部、婆蹉富罗部。

③**斟酌**：考量选摘之义。

④ **天书……天语**：梁慧皎《高僧传》卷一云："天竺国自称书为天书，语为天语。"（大正五十·页三二四上）

⑤ **安侯世高**：慧皎《高僧传》卷一《安世高传》云："高既王种，西域宾旅皆呼为安侯。"（大正五十·页三二四上）

⑥ **都尉**：即安玄。慧皎《高僧传》卷一载：安玄，安息国人，性贞白，深沉有理致，博诵群经，多所通习，于汉灵之末，游贾雒阳，以功号曰骑都尉。性虚靖温恭，常以法事为己任，渐解汉言，志宣经典，常与沙门讲论道义，世所谓都尉者也。（大正五十·页三二四中、下）

⑦ **弗调**：即严佛调。临淮（今安徽凤阳）人，与安玄共译《法镜经》，安玄口译梵文，严佛调笔受，理得音正，尽经微旨。安世高称严佛调译出的佛经："省而不烦，全本巧妙。"（大正五十·页三二四下）

⑧ **维祇难**：慧皎《高僧传》卷一载：维祇难，本天竺人，世奉异道，后有感于沙门神力而信奉佛教。于吴黄武三年与同伴竺律炎来至武昌，携《昙钵经》梵本，应吴地学士之请，与竺律炎译为汉文，但由于炎亦未善汉文，颇有不尽"志存义本，辞近朴质"。

⑨ **仆**："我"的谦称。据《祐录》卷二云："《法句经》二卷，魏文帝时……竺将炎共支谦译出。"此处的

"仆"可能是支谦。(大正五十五·页六下)

⑩ **竺将炎**：慧皎《高僧传》为"竺律炎"。

⑪ **美言不信，信言不美**：漂亮的话不真诚，真诚的话不漂亮。见于《老子》第八十一章。

⑫ **书不尽言，言不尽意**：书是不能完全表达作者所要讲的话的，言语是不能完全表达心意。见于《周易·系辞上》。

⑬ **叙**：次序，次第。

译文

所谓《昙钵偈》，是各种经典要义的总集。"昙"是"法"的意思，"钵"是"句"的意思。《法句经》分别有好几部，有九百偈的，有七百偈的，有五百偈的。"偈"是概括性的语言，如同诗句颂词。是佛因事而发，不是某一时的言语，各时期的偈都有其前因后果，分布在各种经典里。

佛具有无所不知的智慧，德性极为仁慈，怜悯天下苦难的众生而诞生于世，开示佛教的道理，使众生从苦难中解脱出来，其要义集中于十二部经中；另有四部《阿含》是佛入灭后，由其弟子阿难记诵出来的。佛经不论大小，开头都云"我在佛处所，听佛如此说"，原原本本地传达佛的说教。此后,有五部沙门,各自从经中摘录四句六句偈文,按其义理分门别类地编排,构成章节,对于十二部经都有摘录,没有适当的名称,因此名为《法句》。各种佛经都是法言,所以《法句经》也是法言。

近世葛氏传出七百偈《法句经》,偈颂的含义极为深奥,译出之后,其义模糊不清。佛生在古代无法遇到,他的言辞无法听到。加之,佛生于天竺,天竺语言发音与汉语相异,称天竺书为天书,称天竺语为天语,对事物的称谓不同,因此传译实在不容易。唯有从前的兰调、安侯世高、都尉安玄、严佛调把胡文译为汉文,审慎得体,后世很难有这样的后继者。后来的传译者,虽说不能达到严密,但尚能重视经文的实质,大略体现经文的旨趣。

首先是维祇难,他是天竺人,在孙吴黄武三年(公元二二四年)到达武昌,我从他那里得到五百偈的《法句经》,并请维祇难的同伴竺将炎译为汉语。竺将炎虽然精通天竺语,但不通晓汉文,他的翻译,有的是音译,有的是意译,语言质朴。开始时,我嫌他的翻译不典雅,维祇难则说:"对于佛教的语言,应该把握其含义而不用修饰,领会其道理而不强求文法的严密,对佛经的传译,做到明白易懂,不丧失其义理,那就是好的翻译。"在座的人也都说:"老子云:'悦耳动听的语言不可信,可信的语言不悦耳动听。'孔子也说道:'书不能道尽全部语言,语言不能表达全部思想。'这表明圣人的思想是极为深邃的,现今传译佛经应直接表达梵文的真实义理。"

因此,自己尽力做到依据译者的口授,依循佛经的本旨,而不加文饰。对于翻译中有不理解的地方,则阙而不传,所以有多处脱阙,没有译出。然而,此译经的文辞虽然质朴而旨趣深远,经文不多而义理宏富,钩取了众多佛经的要义,每章都有根据,每句都包含深刻的道理。在印度,开始修行佛道的人,如果不先学《法句经》,就称为超越了修行的次第。此经是初学佛道者进入佛道的门槛,是进一步深入修行的深奥宝藏。它可以启发蒙昧、辩明迷惑,诱导人们自立。花费的学习功夫很少,而获得的教益却很多,确实称得上是奥妙的典要。

以前传来的《法句经》,有些偈文没有译出,竺将炎来后,向他询问,得到此等偈,另得十三品,和前传的相校对,有所增定,编排目录,合为一部,三十九篇,共有七百五十二首偈。希望有所补益,使更多的人开阔眼界。

12 《摩诃钵罗若波罗蜜经抄》序

释道安

原典

《摩诃钵罗若波罗蜜经抄》①序

释道安

昔在汉阴②,十有五载,讲《放光经》,岁常再遍。及至京师,渐四年矣,亦恒岁二,未敢堕息。然每至滞句,首尾隐没,释卷深思,恨不见护公、叉罗等。

会建元十八年,正车师前部王,名弥第,来朝。其国师字鸠摩罗跋提,献胡《大品》一部四百二牒,言二十千失(首)卢③,失(首)卢三十二字,胡人数经法也。即审数之,凡十七千二百六十首卢。残二十七字,都并五十五万二千四百七十五字④。天竺沙门昙摩蜱执本，佛护为译，对而检之，慧进笔受。与《放光》《光赞》同者，无所更出也；其二经，译人所漏者，随其失处，称而正焉；其义异，不知孰是者，辄并而两存之，往往为训其下。凡四卷，其一纸二纸异者，出别为一卷，合五卷也。

译胡为秦，有五失本也。一者，胡语尽倒而使从秦，一失本也。二者，胡经尚质，秦人好文，传可众心，非文不合，斯二失本也。三者，胡经委悉，至于叹咏，叮咛反复，或三或四，不嫌其烦。而今裁斥，三失本也。四者，胡有义记，正似乱辞，寻说向语，文无以异，或千五百，刈而不存，四失本也。五者，事已全成，将更傍及，反腾前辞已，乃后说而悉除，此五失本也。

然《般若经》，三达之心，覆面所演，圣必因时，时俗有易，而删雅古，以适今时，一不易也。愚智天隔，圣人叵阶⑤，乃欲以千岁之上微言，传使合百王之下末俗，二不易也。阿难出经，去佛未久，尊（者）大迦叶，令五百六通⑥，迭察迭书。今离千年，而以近意量截。彼阿罗汉乃兢兢若此，此生死人而平平若此，岂将不知法者勇乎！斯三不易也。涉兹五失经三不易，译胡为秦，讵可不慎乎！正当以不开异言，传令知会通耳，何复嫌大匠之得失乎！是乃未所敢知也。

前人出经，支谶、世高，审得胡本，难系⑦者也。叉罗、支越，斫凿之巧者也。巧则巧矣，惧窍成而混沌终⑧矣。若夫以《诗》为烦重，以《尚（书）》为质朴，而删令合今，则马郑⑨所深恨者也。

近出此撮，欲使不杂。推经言旨，唯惧失实也。其有方言古辞，自为解其下也。于常首尾相违，句不通者，则冥如合符，厌⑩如复折⑪。乃见前人之深谬，欣通外域之嘉会⑫也。于九十章，荡然无措疑处，毫芒之间，泯然无微疹，已矣乎！

南摸⑬一切佛：过去、未来、现在佛如诸法明！（天竺礼般若辞也。明，智也。外国礼有四种：一羼耶，二波罗南，三婆南，四南摸。南摸，屈体也，此跪也。此四拜，拜佛、外道、国主、父母，通拜耳。礼父母云"南摸萨迦"，萨迦，供养也。）

《摩诃（大也）钵罗若（智也）波罗（度也）蜜（无极⑭）经抄》。（天竺经无前题，前题皆云"吉法"，吉法，竟是也。道安为此首目题也。）

注释

①《摩诃钵罗若波罗蜜经抄》：是对《放光般若经》和《光赞般若经》的补译。《出三藏记集》卷二载：《摩诃钵罗若波罗蜜经抄》五卷，一名《长安品经》，前秦

符坚建元十八年出。东晋孝武帝时,天竺沙门昙摩蜱执胡《大品》本,竺佛念译出。

②汉阴:汉水之南的襄阳。

③首卢:又译作首卢迦、首卢柯、室路迦等。印度计数经文,不论经文长短,皆以三十二字为一首卢进行计算(编按:首卢意译为颂)。

④此处计算似有误,应为五十五万二千二百九十三字。

⑤叵阶:不能达到,不可测度。

⑥六通:天眼通、天耳通、他心通、宿命通、神足通、漏尽通。

⑦系:继续、承接。

⑧窍成而混沌终:原出于《庄子·应帝王》中的寓言。寓言云:南海之帝名倏,北海之帝名忽,中央之帝名浑沌。浑沌待倏、忽甚好,倏与忽筹谋报答浑沌的恩德,便商议说,人们都有七窍用来视听、饮食和呼吸,而独浑沌无有,我们帮他开凿七窍吧!于是一天开一窍,七天之后,浑沌死了。此寓言说明,对于事物要任其自然而然,不要人为地去改变它,如果人为地去改变它,就必然会伤害它,弄巧成拙。

⑨马郑:即马融、郑玄。马融(公元七九——一六六年),东汉经学家、文学家,遍注《周易》《尚

书》《毛诗》等先秦诸经,使古文经学达到成熟境地。郑玄(公元一二七—二〇〇年),字康成,东汉著名经学家,从马融学古文经,遍注群经,成为汉代经学集大成者。

⑩ **厌**:相称、符合。

⑪ **复折**:被折断的两截重新联结时相互吻合。

⑫ **外域之嘉会**:可能指印度结集佛经的盛会。

⑬ **南摸**:又译为南无、那谟等等。意译作敬礼、归敬、皈依。

⑭ **无极**:无限快乐的极乐世界,即涅槃彼岸。

译文

我从前在汉阴(即汉水之南襄阳)十五年,讲解《放光般若经》,每年讲解两次。后来到京师(今西安),将近四年了,也是每年讲解两次,未敢懈怠停止。然而每当讲到难懂的地方,由于首尾隐没,不知来龙去脉,总是放下经卷深思,恨不能面见此经的译者竺法护和无罗叉等。

恰好在建元十八年(公元三八二年),正车师前部王,名弥第,来到前秦,其国师鸠摩罗跋提进献梵文《大品般若经》一部,四〇二札,其言有二万首卢,每首卢有三十二字,是印度人计算经文的方法。但仔细数之,只有一万七千二百六十首卢,残缺二十七字,合计五十五万二千四百七十五字。印度僧人昙摩蜱执梵文本,竺法护译为汉文,并相互校对检查,慧进笔受。与《放光》《光赞》相同的,就不再译出;对于《放光》《光赞》漏译的经文,加以补正;其意思不同,而又不知谁是谁非的,则两者并存,并加以注释。总共为四卷,加上一纸二纸的不同,别为一卷,合计为五卷。

把梵文佛经译为汉语时,会出现五种有失于梵文原本的情况。其一,梵文都是倒装句,在翻译时,就要把它颠倒过来,以适应汉语的语法习惯,这是第一种有失于原本的情况。其二,梵文佛经崇尚质朴,而中国人喜爱文辞修饰,要使众人喜闻乐见,易于接受,没有文采是不行的,这是第二种有失于原本的情况。其三,梵文佛经详尽细致,特别是叹咏的颂文,反复叮咛达三至四遍,不厌其烦。而现今翻译时要加以删略,这是第三种有失于原本的情况。其四,梵文佛经有"义记",近似中国辞赋篇末总结全篇要旨的"乱辞"("乱曰"),多是对前面经文的复述,文字上没有差别,因此有时千五百字地略去不译,这是第四种有失于原本的情况。其五,梵文佛经中,一件事已经讲完,但在讲述其他事项时又重复前述内容,因此在翻译时只译出前文,将后面重复的话一概删除，这是第五种有失于原本的情况。

佛经翻译过程中还有三种不易翻译的情形：其一，《般若》等佛经，是佛以"三达"（天眼、宿命、漏尽）之心，面对众生演说的佛法，必然要随顺当时的习俗，习俗因时代而变易，翻译时删改古代的习俗，以适应现今的习俗，这是第一种不容易的情形。其二，凡愚与圣贤的智慧有天壤之别，圣人之心不可测度，欲使千年之前佛的微言深意，翻译得使百代之后的愚民能够理解，这是第二种不容易的情形。其三，阿难诵出的佛经，离佛入灭不久，德高望重的大迦叶，还要令具备六通的五百罗汉，一再核实书写。现今离佛千年之久，而要以现今的思虑来衡量判断经文。当时具备六神通的阿罗汉尚且战战兢兢，不敢大胆地诵出佛的言教，现今都是未脱离生死的平平庸庸的凡夫，却要以愚思衡量判断经文，这岂不是不知佛法深浅的无知之勇吗？这是第三种不容易的情形。关系到这五种不合原经、三种不易翻译的情况，在把梵文译为汉文的过程中，怎能不小心谨慎呢？也许应当不译为汉文，直接以梵文进行传播，使人们自然通晓，又怎么会产生对译师们的翻译得失的嫌疑呢？这也未尝可知。

前人传译佛经，如支谶、安世高对梵文原经的审慎态度，是难得为继的。无罗叉、支越可说是对佛经进行巧妙地删削修改的人。虽然做得很巧妙,但恐怕一经删削修改,就伤害了原本佛经。如果认为《诗》烦琐重复,《尚书》质朴,而加以删削使之适合现今的文风的话,那必然是马融、郑玄所深恨的。

现补译的《经抄》,是想弥补前译中的杂乱。推寻经文的言辞旨趣,唯恐有失于经文的本旨。其中有方言古辞的地方,就顺便在文下加以解释。补译的《经抄》,使得原译首尾相连,语句不通之处,如同两符相契合,两截相重合一样,相互贯通了。由此可见前人翻译中的严重失误,同时也为能够通达外域之盛会而欣喜。有了《经抄》,原对于九十章《般若经》的疑滞之处就荡然无存了,哪怕是毫芒之间也挑不出什么小毛病了。

礼敬一切佛:过去佛、未来佛、现在佛及佛法智慧。(这是印度礼敬般若的文辞。明,即般若智慧。印度的礼仪有四种:一是罽耶,二是波罗南,三是婆南,四是南摸。南摸,即屈体弯腰,跪下。此四种礼拜,对于拜佛、拜外道、拜国王、拜父母,都是通用的。礼敬父母称"南摸萨迦",萨迦是供养父母的意思。)

《摩诃(是大的意思)钵罗若(是智慧的意思)波罗(是度的意思)蜜(是无极的意思)经抄》。(印度佛经前面没有题目,题目皆称"吉法",吉法是究竟的意思。这个《经抄》的题目是道安题的。)

13 《大品经》序

长安释僧叡

原典

《大品经》①序

长安释僧叡②

摩诃般若波罗蜜者,出八地③之由路,登十阶之龙津也。夫渊府不足以尽其深美,故寄"大"以目之;水镜未可以喻其澄朗,故假"慧"以称之;造尽不足以得其崖极④,故借"度"以明之。然则功托(讫)有无,"度"名所以立;照⑤本静末,"慧"目以之生;旷兼无外,"大"称由以起。

斯三名者,虽义涉有流,而诣得非心;迹寄有用,而功实非待。非心,故以不住为宗;非待,故以无照⑥为本。本以无照,则凝知于化始;宗以非心,则忘功于行地。故启章玄门，以不住为始；妙归三慧⑦，以无得为终。

《假号》照其真，《应行》显其明，《无生》冲其用，《功德》旌其深，《大明》要终以验始，《沤和⑧》即始以悟终。荡荡焉！真可谓大业者之通涂，毕佛乘者之要轨也。夫宝重故防深，功高故校广⑨。嘱累之所以殷勤⑩，功德之所以屡增⑪，良有以也。而经来兹土，乃以秦言译之。典摸（谟）乖于殊制，名实丧于不谨，致使求之弥至，而失之弥远，顿辔重关⑫，而穷路转广。不遇渊匠，殆将坠矣。亡师安和尚，凿荒途以开辙，标玄旨于性空，落乖踪而直达，殆不以谬文为阂也。亹亹⑬之功，思过其半，迈之远矣。

鸠摩罗什法师，慧心夙悟，超拔特诣⑭。天魔⑮于（干）而不能回，渊识难而不能屈。扇龙树之遗风，振慧响于此世。秦王感其来仪⑯，时运开其凝滞。以弘始三年，岁次星纪⑰，冬十二月二十日至长安。秦王扣其虚关，匠伯⑱陶其渊致。虚关既阐（开），乃正此文言；渊致既宣，而出其释论⑲。渭滨流祇洹⑳之化，西明㉑启如来之心。逍遥集德义之僧，京城溢道咏之音。末法中兴，将始于此乎！

予既知命㉒，遇此真化，敢竭微诚，属当译任。执笔之际，三惟亡师五失及三不易之诲，则忧惧交怀，惕焉若厉㉓,虽复履薄临深,未足喻也。幸冀宗匠通鉴,文虽左右而旨不违中。遂谨受案译,敢当此任。

以弘始五年,岁在癸卯,四月二十三日,于京城之北,逍遥园中出此经。法师手执胡本,口宣秦言,两释异音,交辩文旨。秦王躬揽旧经,验其得失,咨其通途,坦其宗致。与诸宿旧义业沙门释慧恭、僧䂮、僧迁、宝度、慧精、法钦、道流、僧叡、道恢、道标、道恒、道悰等五百余人,详其义旨,审其文中,然后书之。以其年十二月十五日出尽,校正检括,明年四月二十三日乃讫。

文虽粗定,以释论检之,犹多不尽,是以随出其论,随而正之。释论既讫,尔乃文定。定之未已,已有写而传者,又有以意增损,私以般若波罗蜜为题者,致使文言舛错,前后不同。良由后生虚己怀薄,信我情笃故也。

胡本唯《序品》《阿鞞跋致㉔品》《魔品》有名,余者直第其事数而已。法师以名非佛制,唯存《序品》,略其二目。其事数之名与旧不同者,皆是法师以义正之者也。如"阴入持"等名与义乖,故随义改之。阴为众,入为处,持为性,解脱为背舍,除入为胜处,意止为念处,意断为正勤,觉意为菩提,直行为圣道,诸如此比,改之甚众。

胡音失者，正之以天竺；秦名谬者，定之以字义；不可变者，即而书之。是以异名斌然[25]，胡音殆半，斯实匠者之公谨，笔受之重慎也。幸冀遵实崇本之贤，推而体之，不以文朴见咎、烦异见慎也。

注释

①**《大品经》**：亦称《大品般若经》《摩诃般若波罗蜜经》，后秦鸠摩罗什译，四十卷。与《放光般若经》和《光赞般若经》属同本异译。相当于唐玄奘所译的《大般若波罗蜜多经》（亦称《大般若经》中的《第二会》）。

②**僧叡**：东晋僧人，河南安阳市人，十八岁出家，依僧贤为师，二十余岁博通经论，游历各地说法。曾师事道安，后参与鸠摩罗什译场，为其主要弟子之一。讲《成实论》。为《大智度论》《中论》《十二门论》《大品般若经》《小品般若经》《维摩诘经》《思益经》《自在王经》《禅经》等作序及《法华经后序》（大正五十五·页五十七中、下）。世寿六十七。

③**出八地**：出现八地，修成八地之义。

④**造尽不足以得其崖极**：意谓般若智慧能使人渡过生死苦海，到达彼岸，这是其他造化力量所不能达到的。

⑤ **照**：以般若空观观察一切。

⑥ **照**：这里的"照"指对事物的感知、分别。

⑦ **三慧**：这里指三智，即一切智、道种智、一切种智。为断除烦恼、证得真如的三种佛教的智慧。《大智度论》释初品大慈大悲义云："一切智是声闻、辟支佛事，道智是诸菩萨事，一切种智是佛事。"（大正二十五·页二五九上）

⑧ **沤和**：亦名沤和拘舍罗。沤和，义为方便。拘舍罗，义为胜智、善巧。

⑨ **夫宝重故防深，功高故校广**：此处是欲说明对般若的修持，要像对待珍宝一样恭敬珍重，要像修炼功夫一样不断精进。

⑩ **嘱累之所以殷勤**：此经《嘱累品》云："从今以后，当恭敬承事般若波罗蜜。世尊于是从一至三如是嘱累。于般若波罗蜜所以殷勤郑重者。"

⑪ **功德之所以屡增**：此经《功德品》云："善男子、善女人，书持般若波罗蜜，教他人使书持经卷讽诵解说，得其功德甚多甚多。"

⑫ **顿辔重关**：驾驭牲口用的缰绳。顿辔重关，安置缰绳、设置关口，喻设法紧紧把握住般若。

⑬ **亹亹**：勤勉不倦的样子。亹，音ㄨㄟˇ。

⑭ **鸠摩罗什……超拔特诣**：《高僧传》载：罗什七

岁随母亲出家，接触佛教，后来学习各种经论，二十岁左右就有很高的声誉。（大正五十·页三三〇—三三三上）

⑮ **天魔**：四魔（烦恼魔、五阴魔、死魔、天魔）之一，为欲界第六天之主，有无量眷属，常于人界障碍佛道。"魔"梵语"魔罗"之略，有夺命、障碍、扰乱、破坏等义。《高僧传》卷二云：鸠摩罗什留住龟兹，止于新寺，始披读《放光经》时，"魔来蔽文，唯见空牒，什知魔所为，誓心愈固，魔去字显，仍习诵之。"（大正五十·页三三一上）

⑯ **来仪**：古代传说，当要出现太平盛世时，就有凤凰飞来。此处把鸠摩罗什比作飞来的凤凰。

⑰ **星纪**：十二星次之一（按：详《中文大辞典》四·页一二九一中。"中国文化大学"印行，一九九〇年九月八版），在十二支中为丑。弘始三年（公元四〇一年），岁星在丑位，这一年为辛丑年。

⑱ **匠伯**：语出《庄子·人间世》，有木匠名石，善于识别树木的优劣，不为树木的外形所迷惑。此处指有高深学问的人。

⑲ **释论**：阐释鸠摩罗什所译的《大品般若经》的论书，即《大智度论》。

⑳ **祇洹**：即祇园，又译为祇陀园，义为胜林。传

说佛于此园说法，救度众生。后于此处建塔，供养佛陀。

㉑ **西明**：即西明阁。罗什到长安后，被姚兴请入西明阁及逍遥园，集众多人才从事译经工作。

㉒ **知命**：知命之年，意谓不做非分的要求。《论语·为政》：孔子曰："吾十有五而志于学；三十而立；四十而不惑；五十而知天命；六十而耳顺；七十而从心所欲，不逾矩。"

㉓ **惕焉若厉**：小心谨慎地如同面临危险的境地。《周易·乾》："君子终日乾乾，夕惕若厉，无咎。"（有才德的君子白天勤奋努力，夜晚小心谨慎如居险地，就不会有灾患与过错。）

㉔ **阿鞞跋致**：即阿惟越致，意译"不退转"。

㉕ **斌然**：疑为"炳然"，十分明显之义。

译文

摩诃般若波罗蜜，是成就第八地（辟支佛）的必经之路，进而达到第十地（佛地）的正大途径。深广富足的府库不足以说明它的深奥完美，所以权且用"大"来表示它；清水与明镜不足以比喻它的澄澈明朗，所以借助"慧"字来称谓它；竭尽一切造化也不能接近它的边缘,所以借用"度"字来表明它。那么,它的功德穷尽了一切有形和无形,"度"的名称因此而建立;以观照为本,以寂静为末,"慧"的名称因此而产生;恢宏广大,包容一切,由此得到"大"的称呼。

"大""慧""度"这三个名称的含义,虽然属于"有"的范畴,但要把握它,却不能靠意识活动,必须以"非心"为前提;"大""慧""度"的迹象虽然表现为功用,但其功用实际上是不依赖任何对象的。不以意识活动来把握它,所以以心无执着为宗旨;功用不依赖任何对象,所以以心不分别万物为根本。以不分别万物为根本,因此以收敛感知活动为教化的开始;以心无执着为宗旨,所以在修行的每一阶段上都忘却获得的功德。因此,此经开章演说教义,就以心无执着为开始;最后达到三种微妙的智慧,以无所得为终结。

《假号章》是以般若洞照一切事物的真相为因缘和合的假名;《应行章》显示修习般若空观,明了万物本质皆空的道理;《无生章》揭示以般若获得无生法忍的作用;《功德章》显示般若功德的宏深;《大明章》证明破除迷暗产生光明智慧是修行般若的必然结果;《沤和章》讲述经过种种方便修行,而达到无所得即得的最终觉悟。多么宏大呀!真可以称得上是实现大业的通途,是最终成佛的要领。宝物贵重,所以要加强设防;功夫高强，所以较量就多。此经中，释迦之所以再三郑重殷勤地叮嘱人们修行般若波罗蜜，功德才能不断增长，是自有其深刻道理的。般若经典传到中土，开始是用秦地的语言（汉语）翻译的。由于中土典章制度跟印度迥然不同，不能准确地理解印度名词概念的含义，因而愈是迫不及待地进行译传，就愈是丧失佛经的原意；愈是想紧紧地把握其义理，就愈加把握不住。如果遇不上才智高深的匠师，佛法恐怕就要湮灭了。已故法师道安和尚，凿开荒途，开辟道路，树立诸法本性空寂的标帜，抛开各种背离般若的言论，直接把握般若本义，完全不被当时的各种错误的文辞所阻隔，他勤勉不倦的探求精神，使他的思考事半功倍，对般若的理解远远超过他人。

　　鸠摩罗什法师，聪颖慧达，早悟佛法，对佛法有超尘拔俗的独到造诣。天魔外道干扰，不能使他动摇；学识渊博者问难，不能使他屈服。弘扬龙树的学说，发出惊世的智慧之声。秦王（后秦姚兴）欣喜他的到来，震醒时世的凝滞。罗什于弘始三年（公元四〇一年），即辛丑年的冬季十二月二十日到达长安。秦王姚兴向他请教空宗学说，高僧大德陶醉于他的高深理论。空宗学说的开启，乃有此《般若》等经文的问世；高深理论的宣敷，方有《般若经》释论的译出。渭水之滨传布佛的教化,在西明阁从事译经的事业。逍遥园汇集德高的义学僧人,京城(西安)四处传出咏诵佛经的声音。末法时代的佛教转为兴盛,将从此开始吧!

我(僧叡)在知命之年(五十岁),有幸遇上这次佛教传化,不揣冒昧,竭尽自己的一片诚心,担当翻译佛教经论的任务。执笔的时候,再三想起已故道安法师五种丧失原经和三种不易翻译的教诲,心中的担忧和恐惧交加,小心翼翼,提心吊胆,就是用如履薄冰、如临深渊,也不足以形容。庆幸而放心的是,有佛教大师(指罗什)的通盘鉴察,译文虽有偏颇之处,但不会背离核心义旨,于是谨慎地接受了伏案翻译的重任。

弘始五年(公元四〇三年),正当癸卯年四月二十三日,在京城长安北面的逍遥园中开始翻译《大品经》。罗什法师手执梵文,用汉语宣读,对梵语和汉语分别做解释,相互参照以辨明经文的含义。秦王姚兴亲自披阅原有的经书,比较新旧译文的优劣得失,询问是否通达,理清宗旨,并与众多多年研习义理的僧人:释慧恭、僧䂮、僧迁、宝度、慧精、法钦、道流、僧叡、道恢、道标、道恒、道悰等五百余人,详细研究经文义旨,审查译文是否准确,然后书写。于当年(公元四〇三年)十二月十五日全部译出,然后进行检查整理,于第二年四月二十三日结束。

译文虽已初步确定，但与阐释《般若经》的《大智度论》相对照，尚存在很多不尽合原意之处，于是又翻译论书，随处加以校正。《大智度论》翻译完毕，经书译文最后才确定下来。译文尚未最后确定时，就已经有人抄写流传，也有人以己意增添和省略，擅自以"般若波罗蜜"为题目的，致使译文错乱，前后相互矛盾。这完全是由于晚学后生不加思量，盲目地相信自我而造成的。

胡文本《大品经》只有《序品》《阿鞞跋致品》《魔事品》这三品的名称，其余的各品不过标明品数次序而已。罗什法师认为品名不是佛本人制定的，所以只保留《序品》，将其他二品品名省略了。译文中的名相用语与旧译不同的地方，都是罗什法师依据佛教义理加以改正的。例如："阴""入""持"等名称与所表达的义理不符合，因此按照义理进行了改正。"阴"改为"众"，"入"改为"处"，"持"改为"性"，"解脱"改为"背舍"，"除入"改为"胜处"，"意止"改为"念处"，"意断"改为"正勤"，"觉意"改为"菩提"，"直行"改为"圣道"等等，诸如此类，改正的地方甚多。

胡文音译有不准确处，就依天竺语改正；汉文名称的翻译有错误处，就根据字义来订正；不可改变的，就直接誊写。所以不同的名称杂陈，胡音占了将近一半，这实在是由佛教大师们的严谨和执笔者的慎重态度造成的。真诚地希望那些讲求真实、注重根本的贤达之士能够推量体察，不把译文的质朴看成过失，不把词语的繁杂看成过度谨慎。

14　大小品对比要抄序

支道林作

原典

大小品[①]对比要抄序

支道林

夫般若波罗蜜者,众妙之渊府,群智之玄宗,神王之所由,如来之照功。其为经也,至无空豁,廓然无物者也。无物于物,故能齐于物;无智于智,故能运于智。是故夷三脱于重玄[②],齐万物于空同,明诸佛之始(始有),尽群灵之本无,登十住之妙阶,趣无生之径路。何者耶?赖其至无,故能为用。

夫无也者,岂能无哉?无不能自无,理亦不能为理。理不能为理,则理非理矣;无不能自无,则无非无矣。是故妙阶则非阶,无生则非生。妙由乎不妙,无生由乎生。是以十住之称，兴乎未足定号；般若之智，生乎教迹之名。是故言之则名生，设教则智存。智存于物，实无迹也；名生于彼，理无言也。

何则？至理冥壑，归乎无名。无名无始，道之体也；无可不可者，圣之慎也。苟慎理以应动，则不得不寄言，宜明所以寄，宜畅所以言。理冥则言废，忘觉则智全。若存无以求寂，希智以忘心，智不足以尽无，寂不足以冥神。何则？故有存于所存，有无于所无。存乎存者，非其存也；希乎无者，非其无也。何则？

徒知无之为无，莫知所以无；知存之为存，莫知所以存。希无以忘无，故非无之所无；寄存以忘存，故非存之所存。莫若无其所以无，忘其所以存。忘其所以存，则无存于所存；遗其所以无，则忘无于所无。忘无故妙存，妙存故尽无，尽无则忘玄，忘玄故无心。然后二迹无寄，无有冥尽。是以诸佛因般若之无始，明万物之自然。众生之丧道，溺精神乎欲渊。悟群俗以妙道，渐积损至无[3]，设玄德以广教，守谷神[4]以存虚，齐众首于玄同[5]，还群灵乎本无。

盖闻出《小品》者，道士[6]也。常游外域，岁数悠曩，未见典载，而不详其姓名矣。尝闻先学共传云：佛去世后，从《大品》中抄出《小品》。世传其人，唯目之以淳德，验之以事应，明其至到而已，亦莫测其由也。

夫至人⑦也，揽通群妙，凝神玄冥，虚灵响应，感通无方；建同德以接化，设玄教以悟神；述往迹以搜滞，演成规以启源；或因变以求通，事济而化息；适任以全分，分足则教废。

故理非乎变，变非乎理；教非乎体，体非乎教。故千变万化，莫非理外，何神动哉？以之不动，故应变无穷，无穷之变，非圣在物，物变非圣，圣未始于变。

故教遗兴乎变，理滞生乎权⑧。接应存物，理致同乎归。而辞数异乎本，事备乎不同。不同之功，由之万品，神悟迟速，莫不缘分。分暗则功重，言积而后悟。质明则神朗，触理则玄畅。轻之与重，未始非分。

是以圣人之为教，不以功重而废分，分易而存轻。故群品所以悟，分功所以成，必须重以运通，因其宜以接分，以为悟者之功重，非圣教之有烦。

今（令）统所以约，教功所以全，必待统以适任，约文以领玄。领玄则易通，因任则易从。而物未悟二本之不异，统致同乎宗，便以言数为大小，源流为精粗，文约谓之《小》，文殷谓之《大》，慎（顺）常之为通，因变之为舞，守数之为得，领统之为失。而彼揩文之徒，羁见束教，顶着《阿含》，神匮分浅，才不经宗。儒墨大道，域定圣人，志记（局）文句，诘教难拥

（权），谓崇要为达谅，领统为伤宗。

须征验以明实，效应则疑伏。是以至人顺群情以征理，取验乎沸油。明《小品》之体本，塞群疑幽滞，因物之征验，故示验以应之。今不可以趣征于一验，目之为淳德；效丧于事实，谓之为常人，而未达神化之权。统玄应于将来，畅济功于殊途，运无方之一致。而察殊轨为异统，观寄（奇）化为逆理，位大宝为欣王，聚济货为欲始，徒知至圣之为教，而莫知所以为教。

是以圣人标域三才⑨，玄定万品。教非一途，应物万方，或损教违无，寄通适会；或抱一御有，系文明宗，崇圣典为世轨则。夫体道尽神者，不可诘之以言教；游无蹈虚者，不可求之于形器。是以至人，于物遂通而已。

明乎大小之不异，畅玄标之有寄，因顺物宜，不拘小介⑩。或以《大品》，辞茂事广，喻引宏奥，虽穷理有外，终于玄同。然其明宗统一，会致不异。斯亦大圣之时教、百姓之分致。苟以分致之不同，亦何能求简于圣哉？若以简不由圣，岂不寄言于百姓！夫以万声钟响，响一以持之；万物感圣，圣亦寂以应之。是以声非乎响，言非乎圣，明矣。

且神以知来，夫知来者，莫非其神也。机动则神朗，神朗则逆鉴。明夫来往，常在鉴内。是故至人，鉴将来之希纂,明才致之不并,简教迹以崇顺,拟群智之分,向关之者易统,知希之者易行。

而《大品》言数丰具,辞领富溢,问对衍⑪奥,而理统宏邃。虽玄宗易究,而详事难备,是以明夫为学之徒,须寻迹旨,关其所往,究揽宗致,标定兴尽;然后悟其所滞,统其玄领。或须练综⑫群问,明其酬对,探幽研赜,尽其妙致;或以教众数溢,讽绩(读)难究,欲为写崇供养,力致无阶。诸如此例,群仰分狭⑬,窥者绝希。

是故出《小品》者,参引王统⑭,简领群目,筌域事数,标判由宗,以为《小品》,而辞喻清约,运旨亹亹。然其往往明宗,而标其会致,使宏统有所,于理无损。自非至精,孰其明矣!

又察其津途,寻其妙会,揽始源(原)终,研极奥旨。领《大品》之王标,备《小品》之玄致。缥缥⑮焉,揽津乎玄味,精矣尽矣,无以加矣。斯人也,将神王于冥津,群形于万物,量不可测矣,宜求之于筌表,寄之于玄外。

惟昔闻之曰:夫大小品者,出于本品。本品之文,有六十万言,今游天竺,未适于晋。今此二抄,亦兴于大本,出者不同也,而《小品》出之在先。然斯二经,虽同出于本品,而时往有不同者。或《小品》之所具,

《大品》所不载；《大品》之所备，《小品》之所缺。所以然者，或以二者之事同，互相以为赖，明其本一，故不并矣。而《小品》至略玄总，事要举宗。《大品》虽辞致婉巧，而不丧本归。

注释

① **大小品**：即《大品般若经》和《小品般若经》。

② **重玄**：谓玄之又玄，极其玄妙之义。

③ **积损至无**：《老子》四十八章："为学日益，为道日损。损之又损，以至于无为。"意谓为学的方法，是日日增加所知；为道的功夫，是日日减除人欲，减损其外来的物欲和内在的妄心。减除之后又再减除，以至于达到自然无为的境地。但为学和为道并不是互相矛盾、互相排斥的，两者是可以并行而相得益彰的。

④ **谷神**：《老子》第六章："谷神不死，是谓玄牝。"谓虚谷的神妙作用是生生不已的，这叫作玄牝。以其虚，故曰谷；以其因应无穷，故称神。"谷神"为什么不死？因为有生必有死。如人类的存在是有其形体的，有形体就会朽坏；而虚的作用却是没有形体的，自然不会死亡。又，所谓的"玄"，是因虚无的、无形无相、深不可测，所以称为"玄"；所谓的"牝"，乃因能

化生万物，故称为"牝"。

⑤ **玄同**：玄妙地同一。《老子》五十六章："和其光，同其尘，是谓玄同。"意谓含蓄着光芒，混同着尘垢，这就叫"玄同"。

⑥ **道士**：汉魏时的僧人称为道士，意谓修习佛道之士。后被道教利用，成为道教人的专用称呼。

⑦ **至人**：原出于《庄子·逍遥游》："至人无己，神人无功，圣人无名。"指具有极高的道德修养，超越一切人的人。佛教以佛、菩萨为至人。

⑧ **理滞生乎权**：各种教理（指《大品般若经》和《小品般若经》）的出现，是为了方便教化不同众生。

⑨ **三才**：即天、地、人三者。《周易·说卦》："昔者，圣人之作《易》也，将以顺性命之理。是以立天之道曰阴与阳，立地之道曰柔与刚，立人之道曰仁与义。兼三才而两之，故《易》六画而成卦。"意谓：从前圣人作《易经》，打算通过它来表达万物的根本法则。因此将天道概括为阴与阳，将地道概括为柔与刚，将人道概括为仁与义。八卦兼备天、地、人三者的含义，用阴爻和阳爻两种符号来表示，每一卦由六画组成。

⑩ **小介**：指《大品》与《小品》的界限、区别。介，界限、疆界。

⑪ **衍**：余裕、盛多。

⑫ **练综**：细致地选择和综合。

⑬ **分狭**：天分狭小，智力有限。

⑭ **王统**：最高统帅，即最高宗旨、纲领。

⑮ **缥缥**：同"飘飘"。

译文

　　般若波罗蜜，是深藏一切微妙的府库，是一切智慧的玄妙宗主，是神王遵循的解脱途径，是如来观照万法的功德。作为它的思想精要，是以极其虚无、空无一物为宗旨。以无物的心态对待万物，所以能够齐万物于一体；以无思虑的态度对待智慧，所以能自如地运用智慧。因此，消融三解脱门于深奥的玄妙之中，统一万物于同一的空观，明了诸佛本性的永恒实在，通晓众生灵识的虚假无常，就能登上成佛过程中第十地的玄妙阶梯，走上无生无灭之涅槃道路。为什么呢？就是因为依赖于最高的空无，所以有诸多功用。

　　那么，所谓"空无"，哪能自己成为空无呢？空无自己不能成为空无，理也不能自己成为理。理不能自己成为理，那么理也就没有那个理；无不能自己成为无，那么无也就没有那个无。同样，玄妙的十地也就没有那个十地，无生也就没有那个无生。玄妙来自于不玄妙，无生无灭来自于有生有灭。因此，十住的称谓，产生于未达到十住的名号；般若智慧，产生于有形迹的言教名称。所以，用语言表达，才有十住的名号产生；设立言教，才有般若智慧的存在。般若智慧虽然依存于物（教迹），而般若智慧本身是没有迹象的；十住名号虽然产生于语言，而十住之理是不能言说的。

为什么呢？因为最高的理是虚寂的，属于"无名"的范畴。没有名称、没有开始，是道的本体；没有肯定也没有否定，是圣人谨慎遵循的原则。如果谨慎地把握"理"来适应变动，那就不得不使用语言，用语言来说明"理"，用语言表达要表达的内容。一旦与理相冥契，语言就要废弃；忘却对理的觉知，般若智慧才能圆满。如果存有"无"的观念来追求虚寂，希望通过智慧来忘却思想活动，那么，智慧不足以穷尽"无"，虚寂不足以泯除烦恼、安定精神。为什么呢？这是因为思想上存有希望的对象，存有对"无"的追求。思想上存有的对象，不是对象的根本；思想上希求的"无"，不是根本的无。为什么呢？

因为只知道无就是无，而不知道为什么是无；只知道存在，而不知道为什么存在。通过希求无以忘却无，因而不是本来的无；通过寄托于某种存在以忘却存在，因而不是本来的存在。不如泯除产生无的根本，忘却产生存在的本源。忘却产生存在的本源，就不会对任何存在有所寄托；泯除产生无的根本，就忘却了一切无。忘却了任何无，才有玄妙境界；进入玄妙境界，才能达到彻底的无；达到彻底的无，就忘却了玄妙。连玄妙也忘却，那就没有任何思想活动。然后对于现象与本源（迹与所以迹）就都无所寄托，有与无的观念就彻底泯除。所以诸佛都是依据般若的空无观，明了万物自然的道理。众生之所以丧失了道，是因为精神沉溺在欲望的深渊之中。运用微妙的般若之道来启发众生的觉悟，教化他们不断地减少欲望，直至达到最高的无，显示高妙的德行来进行广泛的教化，坚守根本的道，以保持心的虚寂，使众生的思想消融于同一的玄妙境界之中，使人们的心灵返回到"本无"的状态。

据传闻，传出《小品般若经》的，是一名道士。他经常游历外国，由于年代久远，典籍上没有记载，所以不能详知他的姓名。听前辈学者说：释迦牟尼佛入灭后，此人从《大品般若经》中抄出《小品般若经》。世上传说那个人，只认为他道德淳厚，应事灵验，明白其旨趣罢了，也不能窥测其原因。

道德修养极高的人，通览一切微妙，精神专注于深远的虚寂，以虚寂的精神响应万事万物，感知通达于一切方面；建立同一的道德进行接引教化，设立玄妙的教义来启发觉悟；追述过去的事迹以检查思想滞碍，推演已有的规范以开启未来；或因循变化以求贯通，事业成就，教化便止息；或适应其能力而成全其天分，天分圆满，教化便废止。

所以，真理是不变化的，变化的不是真理；言教不是本体，本体不是言教。因此，千变万化都在理之外，精神哪里有变动呢？因为它寂然不动，所以能适应无穷的变化，无穷变化的，不是圣人精神，而是具体的事物，会变迁的事物，就不能说是圣人的精神，圣人的精神从来没有变化。

所以，言教的流传，起因于时代的发展变化；教理的确定，产生于教化的方便。应机接引要依据众生的差异而不同，而佛教的义理最终归于同一。言教法数与其本体有所差别，事相有种种不同。修行的功夫各不相同，是由于人们的资质有千差万别，觉悟或快或慢，无不根源于自己的天分。天资愚钝的人，修行功夫的分量就要加重，言教积累多了才能达到觉悟。天资聪慧的人，领悟敏捷，一接触佛理就心领神会。修行功夫的轻与重，从来就是与天资相联系的。

因此，圣人在施行教化时，并不因为修行功夫重，而否定人的天资；亦不因天资聪慧易悟，而轻视修行功夫。所以，千差万别的众生所以能觉悟，是天资与功夫相结合的结果，因而必须重视修行功夫对于通达佛理的作用，根据人的天资进行适当的接引教化，这是对悟者修行功夫的重视，并不是圣人的言教烦琐。

要使纲要简约，言教的功用得以实现，就必须把握纲要以适应各种情况，依据言教来领会玄旨（纲要）。领会了玄旨，就容易贯通；适应变化，就容易从事教化。然而，众人不懂得简约的纲要和应化的言教，这二者本来不是对立的，其目的是一致的道理，便以言教的多少来划分大与小，以源与流来区分精微与粗浅，把文辞简约的称为《小品》，文辞繁复的称为《大品》，顺应常理称为通达，适应变化称为巧言，墨守词句称为得道，把握纲要称为失道。而那些咬文嚼字之辈，囿于自己的一孔之见和接受有限的佛教，便一味执着《阿含》经文，智慧匮乏，天资浅愚，才智不足以把握佛教宗纲。他们以儒墨的立场来理解佛道，规范圣人（佛），思想局限于个别文字词句，责难适应方便教化的言教不统一，说注重要领是通达诚信，而把握纲要是丧失宗旨。

必须用真凭实据来验证佛教教义的真实性，有了实际的验证，疑惑才能消除。因此，至人（佛）顺应众人的心情来验明佛理，如同赤手于沸油中捞物而手不伤那样灵验。明了《小品般若》的根本所在，堵塞众人的疑惑淤滞，顺从众人相信事实验证，所以显示灵验以适应众人的需要。现今不能因为有一点灵验，就视为淳厚之德；也不能因为验证不合事实，就称之为平庸的人，而未达到神化的地步。统观冥冥之中将来必有报应，明达成就功德可通过不同的途径，运用不同的修行方法达到同一的目标。然而，把不同的修行途径看成宗旨不同，把奇妙神化看成违背真理，把供奉佛法宝藏看作最大的乐趣，把聚积用于周济穷苦人的货物，看成私欲的开始，这都是只知佛教是一种教化，而不知道佛教教化的方式。

因此圣人于宇宙中树立天、地、人三才之道的标准，玄妙地区分众生的差别。教化并非只有一条途径，根据对象的不同而有千万种方法，或者损去言教避开虚无，利用机会使之会通；或者把握宗旨来驾驭万有，通过语言文字来明白宗旨，推崇佛教典籍为世人修行的法则。那么，对于体悟大道、精神修养极高的人，是不能以言教来询问他的；对于游心于虚无之境的人，是不能以有形的东西来测度他的。因此，道德修养极高的人只是随顺对象而通达事理罢了。

要明白《大品》与《小品》并不矛盾，通晓玄妙的宗旨要通过不同形式表现出来，顺应教化对象进行教化，而不拘执于某一具体形式。或者以《大品》的形式出现，长篇大论，叙事广泛，旁征博引，深奥宏富，虽然穷究的义理很多，但最终都归于玄妙的同一。因而在阐明统一的宗旨上，是一致而没有差异的。这也是由于释迦佛随机教化和百姓的天资不同所致。既然百姓的天资各有不同，又怎能要求释迦佛只选择一种形式呢？如果选择并非由释迦佛决定，那何不让百姓自己选择言教呢？一万台钟发出的声音，其回响是一样的；千差万别的众生感动圣人（佛），圣人也只是以虚寂来回应。因此声音不是回响，言教不等于圣人，这就十分清楚明白了。

而且，般若慧能知晓将来，知晓将来的，无非就是般若慧。灵机发动，则般若慧清明；般若慧清明，就有照鉴作用。由此而明晓将来和以往都在照鉴之中。所以至人（佛）鉴知将来难以把握，明晓众生的才智参差不齐，于是以简略的言教来随顺众生，适应于众生智力的情况，使期望把握核心（宗旨）的人容易得其要领，知识少的人容易修行。

然而，《大品般若经》所言法数丰富而具体，言辞切中要领而繁复，问与对答甚多而深奥，义理统一而宏大深邃。虽然玄妙的宗旨容易探究，而详细事迹难于具备，由此而知修习《大品般若经》的学者，必须探寻事迹的义旨，关注其用意，研究把握其宗旨，确定其最终志趣所在；然后方能领悟难以理解之处，融会贯通其玄妙的要领。或者需要精心地综合各种提问，究明是如何回答的，探寻其幽微，研求其奥义，穷尽其微妙旨趣所在；或者因为言教法数繁多，难以全部诵读，想要书写崇拜供养，力量又不能达到。诸如此类，人们仰慕之，而能力却有限，窥视明了此《大品般若经》的人就非常少。

所以译出《小品般若经》的人，抓住根本宗纲，把众多章节加以简化，把事迹法数加以概括，标明缘由和宗旨，称为《小品般若经》，而且言辞和譬喻简明扼要，善于体现义旨。同时，往往通过标示目的归宿来揭示宗旨，从而使宗纲有着落处，于佛理无有减少。如果不是极其精到，又怎能如此明了呢？

还有，考察其文理，探寻其巧妙的综合，原始要终，深研其奥妙的旨趣，是以《大品般若经》的根本要领，构成《小品般若经》的玄妙标帜。飘飘然，对于佛教玄旨的把握和体味，其精到和完美，达到无以复加的地步。此人将精神沉浸于玄冥的佛道，而形迹表现于万物，其境界不可测度，应该在言辞之处，玄理之上去把握它。

过去有传闻说《大品》和《小品》都出自本品。本品的文字有六十万字，现流传于印度，没有传到中土来。现在的《大品般若经抄》和《小品般若经抄》这两种抄本，也都抄自于《大品般若经》，而抄出的人不同，《小品般若经抄》是先抄出的。《大品般若经》和《小品般若经》虽然都出自本品，而时常有不同之处。或是《小品》中有的，而《大品》缺载；或是《大品》中有的，而《小品》不备。之所以如此，或许是因为对于同一件事，两种版本可以相互依赖，知道都是出自同一原本，所以无须在两种版本中同时出现。《小品》极为简略概括，叙述扼要而标示了宗旨，《大品》语言表达婉转巧妙而不丧失根本指归。

15 《法华宗要》序

释慧观

原典

《法华①宗要》序

释慧观②

夫本际冥湛，则神根凝一，涉动离淳，则精粗异陈。于是心綮竞策③，尘想诤驰。翳有浅深，则昏明殊镜。是以从初得佛，暨于此经，始应物开津，故三乘别流。

别流非真④，则终期有会，会必同源，故其乘唯一，唯一无上，故谓之妙法。颂曰："是乘微妙，清净第一，于诸世间，最无有上。"夫妙不可明，必拟之有像，像之美者，莲华为上，莲华之秀，分陀利⑤为最，妙万法而为言，故喻之分陀利。

其为经也，明发蒙不可以语极，释权应之所由；御终不可以秘深，则开实以显宗致。权应既彰，则扃（局）心自废；宗致既显，则真悟自生。故能令万流合注，三乘同往。同往之三，会而为一，乘之始也。觉慧成满，乘之盛也。灭景澄神，乘之终也。

虽以万法为乘，然统之有主，举其宗要，则慧收其名。故经以真慧为体，妙一为称。是以释迦玄音始发，赞佛智甚深，多宝称善，叹平等大慧。⑥颂曰："为说佛慧故，诸佛出世间，唯此一事实，余二则非真。"然则佛慧乃一之正实，乘之体成，妙之至足，华之开秀者也。虽寄华宣微，而道玄像表；称之曰妙，而体绝精粗。颂曰："是法不可示，言辞相寂灭。"

二乘所以息虑，补处⑦所以绝尘，唯佛与佛乃能究焉⑧。故恒沙如来，感希声以灵（云）萃⑨；已逝之圣，振余灵而现证。信佛法之奥区，穷神之妙境，其此经之谓乎，此经之谓乎！

观少习归一之言，长味会通之要，然缅思愈勤，而幽旨弥潜，未尝不面灵鹫以遐想，临辞句而增怀，谅由枝说差其本，谬文乖其正也。

有外国法师鸠摩罗什，超爽俊迈，奇悟天拔，量与海深，辩流玉散。继释踪以嗣轨，秉神火以霜烛，纽颓纲于将绝，拯漂溺于已沦，耀此慧灯，来光斯境。秦弘始八年夏，于长安大寺集四方义学沙门二千余人，更出斯经，与众详究。什自手执胡经，口译秦语，曲从方言，而趣不乖本。即文之益⑩亦已过半，虽复霄云披翳，阳景俱晖，未足喻也。什犹谓，语现而理沉，事近而旨远。又释言表之隐，以应探赜之求，虽冥扉未开，固已得其门矣。

夫上善等润⑪，灵液尚均，是以仰感嘱累⑫，俯慨未同，故采述旨要，流布未闻，庶法轮遐轸，往所未往，十方同悟，究畅一乘，故序之云尔。

注释

① **法华**：即《法华经》，是《妙法莲华经》的略称。据学者研究，此经典大约产生于公元前二世纪左右的古印度。此经传入中土后，先后经过多次翻译，现存有三个译本，即：西晋竺法护译《正法华经》十卷二十七品；东晋时期鸠摩罗什译《妙法莲华经》七卷二十八品；隋代阇那崛多、达摩笈多译《添品妙法莲华经》七卷二十七品。而世代广泛流传、讲解注疏，多据罗什译本。此经译出后，遂流传开来，与此前译出的《般若经》和稍后译出的《大般泥洹经》成为东晋南北朝时期佛教思想的三部主要经典，南北朝时期注疏此经

达数十家，成为一门专门学，至隋代智𫖮据此经立说而创天台宗，直称为法华宗。此经传入朝鲜、日本后，流传也盛。在日本，六世纪的圣德太子为此经撰写《义疏》，九世纪来华留学僧最澄归国后创日本佛教的天台宗，十三世纪日莲据此经创日莲宗，现在的创价学会等教团亦专奉此经为宗旨。

②**慧观**：俗姓崔，清河（山东清平）人，幼年出家游方受业，先适南方师从庐山慧远，后至北方访教于罗什，罗什卒后，辗转荆州等地，刘宋元嘉（公元四二四—四五三年）中卒，年寿七十一。著有《辩宗论》《顿悟渐悟义》《十喻序赞》等。

③**心辔竞策**：心辔喻心绪。竞策，竞相鞭打。喻各种不同的思想情绪相继出现，相互争斗。

④**非真**：此经《方便品》云："如来但以一佛乘故为众生说法，无有余乘，若二若三"，"诸佛以方便力，于一佛乘分别说三"。意谓三乘是方便说法，非真实本质，真实本质是一佛乘。

⑤**分陀利**：印度语称盛开的白莲花为分陀利。

⑥**赞佛智……叹平等大慧**：《妙法莲华经·见宝塔品》："尔时佛前有七宝塔，高五百由旬，纵广二百五十由旬，从地涌出，住在空中，种种宝物而庄校之。……尔时，宝塔中出大音声，叹言善哉善哉！释迦牟尼世尊

能以平等大慧教菩萨法，佛所护念《妙法华经》，为大众说如是如是。"

⑦ **补处**：候补义。前佛寂灭，后佛补其位，如弥勒佛为释迦佛之补处菩萨。隔一生而成佛，则谓之一生补处。

⑧ **乃能究焉**：《妙法莲华经·方便品》中佛告舍利弗："唯佛与佛，乃能究尽诸法实相。"

⑨ **（云）萃**：云集汇合。

⑩ **文之益**：指义理显于文表，即文字晓畅地表达了义理。益，同溢，溢出。

⑪ **上善等润**：义取《老子》第八章："上善若水，水善利万物而不争。"

⑫ **嘱累**：见《妙法莲华经·嘱累品》中云："尔时释迦牟尼佛从法座起……而作是言……今以付嘱汝等，汝等应当一心流布此法，广令增益……汝等当受持读诵，广宣此法，令一切众生普得闻知。"

译文

本体实相是空寂清净的，精神是宁静专一的，一旦发动便离开清净专一，表现出精微和粗劣的区别。于是，心中的各种念头竞相涌现，世俗的欲望在脑中争斗驰骋。人心受世俗欲念遮蔽的程度有深有浅，昏暗与清明泾渭分明。因此释迦自觉悟成佛到演说《法华经》，便适应不同的众生，开启觉悟之道，所以有声闻乘、缘觉乘、菩萨乘这三乘之别。

三乘的分别只是方便说法的需要，并非各自真实独立，最终是要会合的，会合必然同一个源头，所以三乘归根结底只是一乘，唯是一乘，至高无上，所以称为"妙法"。偈颂云："是乘微妙，清净第一，于诸世间，最无有上。"佛说的此经典妙不可言，必须以形象来比喻，形象最美的要属莲花，而莲花中最秀美的是盛开时的白莲花，此经典是一切佛法中最微妙的，所以喻为盛开时的白莲花。

以《妙法莲华经》作为经典，指明启发愚昧，不能谈论它的宗极，是阐释适应众生根机而方便说法的根由；把握宗极，不能秘而不宣，所以开示实相以显示宗旨目标。方便说法彰显，原有的迷惑执着自然消除；终极目标显示，对真理的体悟自然发生。由此而能使不同根机的众生会归一致，声闻、缘觉、菩萨三乘同时并进。同时并进的三乘会归一致，就成为一佛乘的开始。觉悟的智慧成就圆满，是佛乘的鼎盛状态。泯灭幻象，使精神清净澄明，是佛乘的最终结果。

虽然如来以无量方便为众生说法，然而有贯穿其中的主体，这个主体的根本，名为"智慧"。所以此经以真实智慧为本体，称为"微妙第一"。因此释迦牟尼佛一开始演说佛法妙音，便称赞佛的智慧极为深奥，于是，多宝塔中发出"善哉！善哉！"的声音，赞叹释迦牟尼佛能以平等大慧教菩萨法。偈颂云："为了宣说佛慧的缘故，诸佛出现于世间，只此佛慧是实，其余二乘全非真实。"那么，佛慧是唯一真正实相，是成就万乘之体，微妙至足，是花开时最秀美的。虽然借花来表示其微妙，而实际上其玄妙之道是超出形象之外的；虽然称为精微，而其体相是没有精粗的。所以偈颂云："此微妙法不可宣示，离开一切言语、形相。"

因此，声闻、缘觉二乘所以止息思虑，补处菩萨所以断绝尘想，只有诸佛才能穷其究竟。所以无数如来感悟妙道而云集，已寂灭之佛振其遗存精神而显示妙果。信服佛法的奥妙，穷究精神的妙境，应该就是这部经吧！

慧观我幼年诵习万法归于一乘的言教，长大后玩味贯通于佛法的要旨，然而对佛法要旨的思虑愈是精勤，佛法要旨愈加隐匿不显，因而常常面对灵鹫山遐想联翩，凝视关于佛教的撰述而感慨万千，实是由于枝末之说偏离了佛法的根本，错误的撰述背离了真正的佛法。

有一位西域佛教大师鸠摩罗什，具有超群的胸襟和才智,有神奇非凡的悟解力,其学识如大海一样深广,其善辩妙语如玉珠一样散飞。沿着释迦佛的踪迹,传布释迦的佛教,秉持佛教的神圣之火,照亮众生沉寂的心灵,扭转将要衰微的佛教宗纲,拯救在生死中沉浮不定的众生,高举佛教的智慧之灯,来照耀中土之境。后秦弘始八年(公元四〇六年),在长安大寺聚集四方研习佛教义理的僧人二千余人,重新译出《妙法莲华经》,并与众僧详细研究。罗什手持梵文佛经,口译为汉语,顺从地方语言,而不违背梵文佛经的本来旨趣。从文字表面所彰显的义理,已使人们领会大半,好比是用拨开云雾阳光普照,也不足以比喻。但罗什还认为,语言彰显而义理隐没,事迹展现而宗旨疏远。于是罗什又揭示言辞背后隐藏的意蕴,以适应人们探求奥义的需要,虽然我的愚暗之心未开悟,但已开始进入玄奥的大门。

最高的善是平等的滋润,佛法雨露着重均等普施于众生,因此我仰而感怀释迦佛的累累嘱咐,低头感慨众生尚未同闻佛法,所以录述此经的宗旨要义,传布给未闻此经的人们,但愿佛教的法轮能运转到远方,运转到以前未到的地方,使十方众生一同觉悟,彻底通达一乘佛法,故此而为序。

16 《法华经》后序

释僧叡

原典

《法华经》者，诸佛之秘藏①，众经之实体也。以华为名者，照其本也；称分陀利者，美其盛也。所兴既玄，其旨甚婉，自非达识传之，罕有得其门者。

夫百卉药木之英，物实之本也；八万四千法藏者，道果之原也，故以喻焉。诸华之中，莲华最胜，华而未敷，名屈摩罗；敷而将落，名迦摩罗；处中盛时，名分陀利。未敷喻二道，将落譬泥洹，荣曜独足以喻斯典。至若《般若》诸经，深无不极，故道者以之而归；大无不该，故乘者以之而济。然其大略，皆以适化为本，应务之门，不得不以善权为用。权之为化，悟物虽弘，于实体不足，皆属《法华》，固其宜矣。

寻其幽旨,恢廓(廓)宏邃,所该甚远,岂徒说实归本,毕定殊途而已耶?乃实大明觉理,囊括古今。云佛寿无量,永劫未足以明其久也;分身无数,万形不足以异其体也。然则寿量定其非数,分身明其无实。普贤显其无成,多宝②照其不灭。

夫迈玄古③以期今,则万世同一日;即百化以悟玄,则千涂无异辙。夫如是者,则生生未足以期存,永寂亦未可言其灭矣。寻幽宗以绝往,则丧功于本无;控心綮于三昧,则忘期于二地④。

经流兹土,虽复垂及百年,译者昧其虚津,灵关莫之或启;谈者乖其准格⑤,幽踪罕得而履。徒复搜研皓首,并未有窥其门者。秦司隶校尉、左将军、安城侯姚嵩,拟韵玄门,宅心世表,注诚斯典,信诣弥至,每思寻其文,深识译者之失。既遇究摩罗⑥法师,为之传写,指其大归,真若披重霄而高蹈,登昆仑而俯眄⑦矣。于是听受领悟之僧八百余人,皆是诸方英秀,一时之杰也。是岁弘始八年,岁次鹑火。

注释

① **秘藏**:蕴藏于内,而不随便传于人。佛教认为,诸佛守护佛教妙法,不轻易宣说,若对不宜宣说的人宣

说佛法,则往往会破坏佛法。《妙法莲华经·信解品》有云:"一切诸佛秘藏之法,但为菩萨演其实事。"(大正九·页十八中)

② **多宝**:即多宝塔。《见宝塔品》:"尔时佛告大乐说菩萨,此宝塔中有如来全身。"(大正九·页三十二下)

③ **玄古**:即远古。

④ **二地**:十地中第二地,名"离垢地",亦名"净地",远离能起任何犯戒之烦恼,使身心无垢清净。

⑤ **准格**:本格,本来的规范义旨。

⑥ **究摩罗**:即鸠摩罗什。

⑦ **眄**:斜着眼睛看。

译文

《妙法莲华经》是诸佛的秘密宝藏,是一切佛教经典的实相本体。以"华"为名称,是显示它的本体;称为盛开时的莲花,是赞美它的优胜。此经的缘起既然幽玄,其义旨必然极其奥妙,如果不是才识通达之士加以传布,很少人能了解它的要旨。

百草、药材、树木的花,是结出果实的根本;四万八千种经典,是实现佛果的源泉,所以以花来比喻佛经。各种花中,属莲花最优胜,莲花未开放时名为

"屈摩罗",莲花将谢时称为"迦摩罗",在未开与将谢之间的盛开时期称为"分陀利"。莲花未开,比喻声闻、缘觉二乘尚未开悟;莲花将谢,比喻修行成佛道,寂灭入涅槃;唯盛开时的夺目光彩正好比喻这部经典。至于像《般若波罗蜜》诸经典,无深而不及,所以研习佛道者无不以它作为最高标准;无大而不包,所以修持者无不因之而达到目的。然而从总体上看,《般若波罗蜜》诸经都是以适应教化为根本,适应教化需要的法门,就不得不采用方便的教化方法。以方便为教化方法,虽然能使更多的人开悟,但未能充分显示实相本体,对于这些不足之处,由《妙法莲华经》来完成,当然是必要的了。

探寻此经的深奥义旨,其包含的内容极为宏大深远,岂只是宣说实相为归宿的本体而又是必定殊途而已呢?实在是极大地阐明了觉悟的道理,囊括了古往今来。说佛的寿命没有限量,万古长存不足以说明佛的长久;说佛可分出无数法身,千万个形相也不足以分完佛的身体。那么,佛寿无量说明佛的寿命不能以时间来规定,分身无数说明佛不是固定的实体。普贤显示其无成,多宝塔显示佛不灭。

从遥远的古代以至现今,万世的每一天都相同;从各种不同的角度领悟佛教玄旨,则千万条途径都是遵循同一轨迹。如此说来，生生不息的事物不足以期望它长期存在，永远寂灭也不能说它是断灭。探寻玄妙宗旨而断绝以往种种妄想，则丧失意识作用还于本无；通过禅定来掌握思想活动，则熄灭欲望登于二地。

　　此《妙法莲华经》流传到本土，虽然已经历了百年，但翻译者不明白此经的虚寂之道，其玄奥的大门尚未开启；谈论者背离了它的真正纲宗，其微妙的道理很少得到践履。因此，人们白白地探寻研究到头发花白，并没有窥见其精髓所在。后秦司隶校尉、左将军、安城侯姚嵩，志趣于佛门，潜心于世俗之外，倾注诚心于这部佛经，信仰日益深厚，每次思寻经文，深深觉知翻译者的失误。既而遇见鸠摩罗什法师，为之传写此经，指出此经的根本宗旨标的，真好似拨开重云，升到高空远眺，登上昆仑山顶，凝目俯视一般。当时来聆听罗什宣说此经，并受到启悟的僧侣达八百余人，都是当时各地出类拔萃的优秀之士。这一年是弘始八年（公元四〇六年），岁星正在鹑火的位次上。

17 《维摩诘经》序

释僧肇

原典

《维摩诘经》①序

释僧肇②

《维摩诘不思议经》者,盖是穷微尽化,妙绝之称也。其旨渊玄,非言像所测;道越三空③,非二乘所议。超群数之表,绝有心之境,眇④莽⑤无为而无不为,罔知所以然而能然者,不思议也。

何则?夫圣智无知⑥而万品俱照,法身无像⑦而殊形并应,至韵无言而玄籍弥布,冥权无谋而动与事会,故能统济群方,开物成务,利现天下,于我无为。而惑者睹感照因谓之智,观应形则谓之身,觌玄籍便谓之言,见变动便谓之权。夫道之极者,岂可以形言权智而语其神域哉？

然群生长寝⑧,非言莫晓,道不孤运,弘之由人。是以如来命文殊⑨于异方,召维摩于他土,爰集毗耶,共弘斯道。

此经所明,统万行则以权智为主,树德本则以六度⑩为根,济蒙惑则以慈悲为首,语宗极则以不二为言。凡此众说,皆不思议之本也。至若借座灯王⑪、请饭香土⑫、手接大千⑬、室包乾像⑭,不思议之迹也。然幽关难启,圣应不同,非本无以垂迹,非迹无以显本,本迹虽殊,而不思议一也。故命侍者,标以为名焉。

大秦天王,俊神超世,玄心独悟,弘至治于万机之上,扬道化于千载之下,每寻玩兹典,以为栖神之宅,而恨支竺所出,理滞于文,常惧玄宗坠于译人。北天⑮之运,运通有在也。以弘始八年,岁次鹑火,命大将军常山公、左将军安城侯,与义学沙门千二百人,于常安大寺,请罗什法师重译正本。什以高世之量,冥心真境,既尽环中⑯,又善方言。时手执胡本,口自宣译,道俗虔虔,一言三复,陶冶精求,务存圣意。其文约而诣,其旨婉而彰,微远之言,于兹显然。

余以暗短,时豫听次,虽思乏参玄,然粗得文意,辄顺所闻,而为注解,略记成言,述而无作,庶将来君子,异世同闻焉。

注释

①**《维摩诘经》**：全称《维摩诘所说经》，又题为《佛说维摩诘经》《佛说无垢称经》《维摩诘所说不可思议解脱法门经》等。维摩诘，人名，意译作"净名"或"无垢称"。据称：维摩诘是印度毗耶离（吠舍离）的大居士，深通大乘佛法；倡导解脱的关键在于主观修养而不在于出家苦修；此人"虽为白衣，奉持沙门清净律行；虽处居家，不着三界；示有妻子，常修梵行；现有眷属，常乐远离；虽服宝饰，而以相好严身"，是真正的菩萨行；其修行济世要"善权方便"；其最高境界为"不二法门"，即泯灭一切对立差别，无思无知，"乃至无有文字语言"。

据宋代智圆撰《维摩经略疏垂裕记》说，此经有六种译本。即：一、后汉严佛调译，一卷，名《古维摩经》；二、三国吴支谦译，二卷，名《维摩诘说不思议法门经》；三、西晋竺法护译，一卷，名《维摩诘所说法门经》；四、西晋竺叔兰译，三卷，名《毗摩罗诘经》；五、姚秦鸠摩罗什译，三卷十四品，名《维摩诘所说经》；六、唐玄奘译，六卷，名《佛说无垢称经》。严译本及二竺译本（即竺法护、竺叔兰二译本）现已不在。隋唐以来讲习此经者，大都依罗什译本。罗什译本的注疏有：僧肇撰《维摩诘所说经注》十卷、隋慧远撰《维摩经义记》八卷、智顗撰《维摩经玄疏》六卷、《维摩经文疏》二十八卷、吉藏撰《维摩经游意》一卷、《维摩经略疏》五卷、《广疏》六卷。

② **僧肇**：东晋时代著名佛教学者，生于公元三八四年（一说三七四年），卒于公元四一四年。京兆（今陕西省西安市）人。少年时家贫，以佣书为业，遂得历观经史，爱好老、庄，然感叹老、庄虽美而尚不足以慰藉精神，消除烦恼，后读旧译《维摩诘经》，欢欣鼓舞，披寻玩味，始知所归，因而出家。鸠摩罗什到姑臧（今甘肃省武威市）后，僧肇远道往从学，随什公于逍遥园评定经论，成为罗什门下"四圣"或"十哲"之一，被罗什赞为"解空第一"。

其主要撰述有：《维摩诘所说经注》《物不迁论》《不真空论》《般若无知论》《涅槃无名论》等（后四论被编为《肇论》一书），表达了他以般若为中心的佛学思想，在中国佛教史和中国哲学史上产生了深远的影响。

③ **三空**：人空、法空、俱空。

④ **眇**：微小、细微。

⑤ **莽**：无边无际。

⑥ **圣智无知**：圣人的最高智慧，就是没有世俗人的一般知识。僧肇在《般若无知论》中集中阐述了无知

与知的关系，说："有所知，则有所不知，以圣心无知，故无所不知。"因为圣人不拘执于某种具体知识，所以能洞照一切而无所不知。

⑦ **法身无像**：僧肇在《维摩诘所说经注》中释"法身"云："法身者，虚空身也，无生而无不生，无形而无不形，超三界之表，绝有心之境……故其为物也，微妙无像，不可为有；备应万形，不可为无；弥纶八极，不可为小；细入无间，不可为大。故能出生入死，通洞乎无穷之化；变现殊方，应无端之求。"（见大正三十八·页三四三上）

⑧ **长寝**：长久地睡眠未觉醒，喻长期愚昧无知。

⑨ **文殊**：文殊师利菩萨之略称，又译为"曼殊室利""妙德""妙首""普首""妙吉祥"等。释迦牟尼佛的左胁侍，专司"智慧"，手持宝剑，以示智慧锐利；其塑像多骑狮子，表示智慧威猛。相传中国山西五台山为其道场。

⑩ **六度**：六种渡到涅槃彼岸的途径：布施、持戒、忍辱、精进、禅定、智慧。

⑪ **借座灯王**：见《维摩诘所说经·不思议品》称：东方有世界名须弥相，其佛号须弥灯王，其师子座高八万四千由旬。维摩诘现神通力，即时须弥灯王遣三万二千师子之座来入维摩诘室。

⑫ **请饭香土**：《维摩诘所说经·香积佛品》云：舍利弗心念，众菩萨当于何食？时维摩诘即入三昧，以神通力，化作菩萨云，上方世界有香积佛土，可往食，于是九百万菩萨得食。

⑬ **手接大千**：《维摩诘所说经·不思议品》云：住不可思议解脱菩萨，断取三千大千世界，如陶家轮，着右掌中，掷过恒河沙世界之外。

⑭ **室包乾像**：《维摩诘所说经》称：维摩诘居室"悉皆包容三万二千师子座，无所妨碍"，"大海、江河、川流、泉源，及日月星辰……诸佛说法，亦现于宝盖中"。

⑮ **北天**：佛教的代称。相传佛将涅槃时，头向北方，意谓佛法将传于北方。

⑯ **环中**：圆环之中心，意谓核心、精髓。

译文

《维摩诘不思议经》，是穷尽微妙变化，达到了绝妙境地的一种称呼。它的义旨深奥微妙，不是用言语、形相所能了解的；它的道理超越三种空观，不是声闻、缘觉二乘所能议论的。超越一切名称法相之外，离开一切意识活动的境界，幽微深远，没有造作活动而又支配一切，不知道为什么能这样，真是不可思议。

为什么呢？因为圣人的智慧是不依靠知识，而能洞照万事万物；法身没有相状而能应教化的需要，现出各种不同的形相；最高的韵味是不用语言，而玄妙的经典愈加流布；泯除权变，没有虑谋，而其活动却事事相融合，所以能够统摄周济一切方面，利导事物，成就事业，利济天下众生，而自身却没有造作。可是，迷惑的人们看到能感应洞照万物，就称之为智慧；看到随应教化需要而现出的形相，就称之为法身；看到玄妙的典籍，就称之为言语；看到活动，就称之为权变。然而，至高无上的道，哪里能用"形、言、权、智"来说明它的神妙境界呢？

但是众生长久以来愚昧无知，不用言语不能开悟他们，佛道不能自己孤立流布，必须由人来弘扬它。因此如来于异方他土召来文殊菩萨、维摩诘大士聚集于毗耶离城，共同弘扬佛道。

《维摩诘所说经》这部经典所要阐明的是，以善权方便和智慧为主来统率一切修行，以六度为根本来建立功德，以大慈大悲为首位来拯救蒙昧迷惑的人们，以"不二"为法门来谈论终极宗旨。凡此种种说法，都是不可思议的本质内容。至于像维摩诘以神力向灯王借师子宝座，从香积佛土化来香饭斋供与会大众，以手接取三千大世界，一室能包容天地万象等等，都是不可思议的迹象。然而高深的佛道义旨难以开示，圣人适应教化的方式各有不同，没有根本义旨就不能呈现具体迹象，没有具体迹象就不能显示根本义旨，根本义旨和具体迹象虽然有差别，但不可思议是一样的。所以命侍者标此经以《维摩诘不思议经》的名称。

后秦国王姚兴，才智超世，深心独悟，弘扬治国之道于万机之上，阐扬佛教之化于千载之下，时常玩味这部经典，作为慰藉精神的寄托，然而又嫌支谦和竺法护的译本，未能清楚地表达义理，常常担心佛教深奥的义理被译者埋没。佛教的流传，自有时来运转的时候。在弘始八年（公元四〇六年），岁星处于鹑火的位置上时，姚兴命大将军常山公、左将军安城侯姚嵩，与研习佛教义理的僧人一千二百余人，在长安大寺，请鸠摩罗什法师重新翻译正本。罗什的学识绝伦超世，契心于真理的境界，既精通佛理真髓，又通晓地方语言。当时他手持胡本，口头宣读和翻译，僧人和俗人恭敬聆听，每句反复三遍，推敲琢磨，陶冶求精，务必体现佛的思想义理。其译文简约而达意，其义旨委婉而明显，微妙深远的言辞在这里得到体现。

僧肇我愚昧乏知，有幸时常聆听译经，虽然缺乏玄思，但也粗略领会到经文的义旨，于是根据所闻，撰写注解，简略地记述已有的说法，只是陈述而没有创造，意在使将来才德之士，在不同时代都能知晓。

18 《毗摩罗诘提（堤）经义疏》序

释僧叡

原典

《毗摩罗诘提经①义疏》序

释僧叡

此经以毗摩（罗）诘所说为名者，尊其人重其法也。五百应真之所称述②，一切菩萨之所叹伏③，文殊师利对扬之所明答④，普现色身之要言⑤，皆其说也。借座于灯王，致饭于香积，接大众于右掌⑥，内妙乐于忍界⑦，阿难之所绝尘，皆其不可思议也。

高格迈于十地，故弥勒屈之而虚己；崇墉⑧超于学境，故文殊已还，并未有窥其庭者。法言恢廓，指玄门以忘期；观品夷照，总化本以冥想。落落焉，声法鼓于维耶⁹，而十方世界，无不悟其希音；恢恢焉，感诸佛于一室，而恒沙正觉，无不应其虚求。

予始发心启蒙，于此讽咏研求，以为喉衿⁑。禀玄指于先匠，亦复未识其绝往之通塞⑪也。既蒙究摩罗法师正玄文、摘幽指，始悟前译之伤本，谬文之乖趣耳。至如以不来相为辱来，不见相为相见，未缘法为始神，缘合法为止心。诸如此比，无品不有，无章不尔，然后知边情险诐⑫，难可以参契真言，厕怀⑬玄悟矣。

自慧风东扇，法言流咏已来，虽曰讲肆，格义⑭迁于乖本，六家⑮偏而不即。性空之宗⑯。以今验之，最得其实，然炉冶之功，微恨不尽。当是无法可寻，非寻之不得也。何以知之？此土先出诸经，于识神性空明言处少，存神之文，其处甚多。《中》《百》二论，文未及此，又无通鉴，谁与正之？先匠所以辍章遐慨，思决言于弥勒⑰者，良在此也。

自提婆⑱已前，天竺义学之僧并无来者，于今始闻宏宗高唱，敢豫悕味⑲之流，无不竭其聪而住其心。然领受之用易存，忆识之功难掌，自非般若朗其闻慧，总持⑳铭其思府，焉能使机㉑过而不遗，神会而不昧㉒者哉？故因纸墨，以记其文外之言；借众听，以集其成事之说。烦而不简者，遗其事也；质而不丽者，重其意也。其指微而婉，其辞博而晦，自非笔受，胡可胜哉？

是以即于讲次，疏以为记，冀通方之贤，不咎其烦而不要也。

注释

①《毗摩罗诘提经》：即《维摩诘所说经》。毗摩罗诘提，又译为毗摩罗诘利帝，意译为无垢称、净名。

②五百应真之所称述：经云："尔时毗耶离城有长者子，名曰宝积，与五百长者子，俱持七宝盖来诣佛所。"（见大正十四·页五三七中）五百长者子即后来的五百罗汉。应真即罗汉。

③经云："佛在毗耶离庵罗树园与三万二千菩萨及诸神道讲佛法，现大威力，将天地人物现于宝盖中，尔时一切大众睹佛神力，叹未曾有，合掌礼佛。"

④明答：有关文殊师利与维摩诘的对答，如经中云：文殊问维摩诘病从何来，维摩诘答云："从痴有爱，则我病生；以一切众生病，是故我病；若一切众生得不病者，则我病灭。"（《文殊师利问疾品》）文殊问维摩诘："菩萨云何通达佛道？"维摩诘答："若菩萨行于非道，是为通达佛道。"（《佛道品》）文殊问："何等是菩萨入不二法门？"维摩诘默然无言。文殊叹曰："善哉！善哉！乃至无有文字语言，是真入不二法门。"（《入不

二法门品》）

⑤ **普现色身之要言**：经云："能以神通现作佛身，或现辟支佛身，或现声闻身，或现帝释身，或现梵王身，或现世主身，或现转轮圣王身。"（大正十四·页五四六下）

⑥ **接大众于右掌**：经云：维摩诘以神力持诸大众并师子座置于右掌，往诣佛所。

⑦ **忍界**：于此世界能忍受各种苦难、耻辱。

⑧ **墉**：城墙，喻境界。

⑨ **维耶**：即毗耶离城。

⑩ **喉衿**：咽喉、衣领。喻纲要、要领。

⑪ **通塞**：畅通与阻塞，即关键所在。

⑫ **边情险诐**：边情，偏执一边的情识。险诐，邪恶不正之义。

⑬ **厕怀**：进入内心里去。厕，置身于、参加。

⑭ **格义**：魏晋时流行的一种解释佛教经义的方法。《高僧传·竺法雅传》云："以经中事数拟配外书，为生解之例，谓之格义。"即将佛经的名相与中国原有的术语词汇（主要是老庄道家的术语词汇）进行比附和解释，以此来理解经文义理。格义的代表人物为竺法雅。道安、罗什以后，随着佛经的大量译传，人们对佛教义理日益转明，格义的方法随之废弃不用。

⑮ **六家**：指魏晋时期解释般若空观的六个派别，史称"六家七宗"。他们是：（一）以道安为代表的"本无宗"；（二）以竺法深、竺法汰为代表的"本无异宗"；（三）以支道林为代表的"即色宗"；（四）以于法开为代表的"识含宗"；（五）以道一为代表的"幻化宗"；（六）以于道邃为代表的"缘会宗"；（七）以支敏度为代表的"心无宗"。因"本无宗"和"本无异宗"可视为一家，故称"六家"。

⑯ **性空之宗**：即道安的本无宗。道安主张"一切诸法，本性空寂，故云本无"（大正四十二·页二十九上）。

⑰ **弥勒**：菩萨名，意译作慈氏。据佛典称，弥勒出生于南印度婆罗门家，后出家为佛弟子，比佛先圆寂，上生兜率天内院，为补处菩萨，将在佛涅槃五十六亿七千万年后再从兜率天降生人世，在龙华树下成佛，继承释迦事业化度众生。

⑱ **提婆**：即僧迦提婆。

⑲ **悕昧**：慈悲之学，即佛法。悕，悲也。

⑳ **总持**：梵音"陀罗尼"的意译，执持不放之义，有四种总持：（一）法总持，于佛法闻持不忘；（二）义总持，于诸法义理持之不失；（三）咒总持，持咒神验，除众生灾患；（四）忍总持，持诸法之真如实相而不遗失。

㉑ **机**：灵机、感知。
㉒ **昧**：昏昧、模糊不清楚。

译文

这部经典之所以以"毗摩罗诘所说"为名称，是因为尊敬毗摩罗诘这个人，重视他的说法的缘故。有关五百罗汉手持宝盖，往佛所在地礼敬佛的叙述，所有菩萨睹佛神力而赞叹的说法，有关文殊师利与维摩诘的相互问答，佛显现各种身相的言论，都是此经中所记载的。维摩诘向须弥灯王借三万二千师子座，使诸菩萨往香积佛土得食，以右掌接众生运往佛地，内心乐于忍受世间苦难以教化众生，阿难之超绝尘俗，这些都是不可思议的。

维摩诘的高妙旨趣超出十地，所以弥勒菩萨对他十分诚服；崇高的境界超出一般的学识范围，所以文殊师利以下没有人能窥见他的深奥境界。他所说法宏博广大，指示出玄远之门而忘却希求；洞察的品格在于泯除分别认识，以冥想为全部教化的根本。清新高明，发出的真理之音震荡于维耶城，而且十方世界的人无不领悟其稀有之声；恢宏广大，能感应诸佛聚集于一室，而且无数的觉悟者无不响应他纯圣无染的要求。

我自从立志开启愚暗之心的时候开始，就讽咏研寻此经，作为纲要。虽然从先贤那里接受到深奥的教旨，但还是没有认识到此经前所未有的精要所在。不久承蒙鸠摩罗什法师正译经文，指点微妙宗旨，才开始领悟到旧译有失于原本，错误的译文背离了原意。例如：把"不来相"译为"辱来"，把"不见相"译为"相见"，把"未缘法"译为"始神"，把"缘合法"译为"止心"。诸如此类，每一品都有，没有哪一章不是这样，由此而知偏颇的见解是难以契合真理之言，进行玄妙的领悟的。

自从智慧之风吹到东方，真理之言流布传诵以来，虽然开设讲坛，但生硬的比附和解释背离了本旨，六家的解释都偏颇而不合原意。本性空寂之说，在今天看来虽然是最切实际的理解，但陶冶的功夫没有穷尽。这当然是由于缺少可探究的经论，而不是探究得不够。怎么知道是这个原因呢？中土以前译传的各种经论，对于识神性空很少有明确的论述，而关于神奇之事讲得很多。《中论》《百论》二论尚未传到本土来，又没有其他经论进行通盘考察借鉴，根据什么来勘正呢？先前的匠师们之所以中途停笔无限感慨，期盼弥勒降生解决疑难，原因大概就在这里。

在僧伽提婆以前，并没有印度佛教理论僧来华，直到现在才开始听到宏宗高论，敢于涉足慈悲理论的人，无不竭尽智慧专注于此。然而接受领会容易，而牢记不忘很难，如果不是般若智慧使心智更加聪慧，总持铭刻心田，怎能做到感知过后就不遗忘，心领神会后而不淡漠呢？所以我借助纸墨把经文之外的言论记录下来，根据大家所听到的把有关事迹的说法汇集起来。烦琐而不简练，是为了保存事迹；质朴而不文饰，是为了注重义理。其义旨微妙而美好，其言辞丰富而晦涩，如果不笔录下来，怎能让人知晓呢？因此在听讲解的过程中，加以注疏，希望贤达之士不要责怪烦琐而不精要。

19 《大涅槃经》序

凉州释道朗

原典

《大涅槃经》[①]序

凉州释道朗[②]

《大般涅槃》者，盖是法身之玄堂，正觉之实称，众经之渊镜，万流之宗极。其为体也，妙存有物之表，周流无穷之内，任运而动，见机而赴。任运而动，则乘虚照以御物，寄言蹄以通化。见机而赴，则应万形而为像，即群情而设教。至乃形充十方，而心不易虑，教弥天下，情不在己，厕流尘蚁而弗下，弥盖群圣而不高，功济万化而不恃，明逾万日而不居，浑然与太虚同量，泯然与法性为一。

夫法性以至极为体，至极则归于无变，所以生灭不能迁其常。生灭不能迁其常，故其常不动。非乐不能亏其乐，故其乐无穷。或（惑）我生于谬想，非我起于因假，因假存于名数，故至我越名数而非无。越名数而非无，故能居自在之圣位，而非我不能变。

非净生于虚净，故真净水镜于万法。水镜于万法，故非净不能渝。是以斯经触章，叙常乐我净③为宗义之林，开究玄致为涅槃之原。用能阐秘藏于未闻，启灵管以通照，拯四重之癃疽④，拨无间之疣赘⑤。阐秘藏，则群识之情畅，审妙我之在己；启灵管，则悟玄光之潜，映神珠之在体。然四重无间，诽谤方等，斯乃众患之疢⑥痟⑦，创疣之甚者，故《大涅槃》以无创疣为义名。

斯经以大涅槃为宗目，宗目举，则明统摄于众妙，言约而义备。义名立，则照三乘之优劣，至极之有在。然冥化无朕，妙契无言，任之冲境，则理不虚运，是以此经开诚言为教本。广众喻以会义，建护法以涉初，睹秘藏以穷原，畅千载之固滞，散灵鹫之余疑。

至于理微幽蟠⑧，微于微者，则诸菩萨弘郢匠⑨之功，旷舟船之济，清难⑩云构⑪，幡⑫复周密，由使幽途融坦，宗归豁然。是故诵其文而不疲，语其义而不惓，甘其味而无足，餐其音而不厌。始可谓微言兴咏于真丹⑬，高韵初唱于赤县，梵音震响于聋俗，真容巨曜于今日。而寡闻之士，偏执之流，不量愚见，敢评大圣无崖之典，遂使是非兴于诤论，讥谤生于快心，先觉不能返其迷，众圣莫能移其志，方将沉蔽八邪⑭之网，长沦九流⑮之渊，不亦哀哉！不亦哀哉！

天竺沙门昙摩谶⑯者，中天竺人，婆罗门种。天怀秀拔，领鉴明邃，机辩清胜，内外兼综。将乘运流化，先至炖煌，停止数载。大沮渠河西王⑰者，至德潜着，建隆王业，虽形处万机，每思弘大道，为法城堑⑱。会开定西夏，斯经与谶自远而至。自非至感先期，孰有若兹之遇哉？

谶既达此，以玄始十年，岁次大梁⑲，十月二十三日，河西王劝请令译。谶手执梵文，口宣秦言。其人神情既锐，而为法殷重。临译敬慎，殆无遗隐，搜研本正，务存经旨，唯恨胡本分离，残缺未备耳。余以庸浅，豫遭斯运，夙夜感戢⑳，欣遇良深，聊试标位，叙其宗格，岂谓必然窥其宏要者哉！

此经梵本正文，三万五千偈㉑，于此方言，数减百万言，今数出者，一万余偈。如来去世，后人不量愚浅，抄略此经，分作数分，随意增损，杂以世语，缘使违失本正，如乳之投水下。章言虽然，犹胜余经，足满千倍。佛涅槃后，初四十年，此经于阎浮提㉒，宣通流布，大明于世。四十年后，隐没于地，至正法欲灭余八十年,乃得行世,雨大法雨。自是以后,寻复隐没,至于千载。像教之末,虽有此经,人情薄淡,无心敬信,遂使群邪竞辩,旷塞玄路,当知遗法将灭之相[23]。

注释

①《大涅槃经》:或称《大般涅槃经》或《大本涅槃经》,是宣说如来常住、涅槃常乐我净、众生悉有佛性乃至阐提(善根断尽的人)成佛等义的经典。印度僧人昙无谶于北凉译出,四十卷,十三品。此经传入南方后,慧严、慧观、谢灵运等加以改编、文饰,成二十五品三十六卷,世称《南本涅槃经》,而将昙无谶原译本称为《北本涅槃经》。此经译出后,受到佛学界的广泛关注和研习,展开了对涅槃佛性的热烈探究。有关此经的注疏有梁宝亮等集《大般涅槃经集解》七十一卷,隋慧远述《义记》十卷,灌顶撰《玄义》二卷、《疏》三十三卷,唐法宝撰《略疏》十五卷,隋吉藏撰《涅槃经游意》一卷,新罗元晓撰《涅槃经宗要》一卷等。

②释道朗:传记不详。吉藏《大乘玄论》卷三云:"河西道朗法师与昙无谶法师共翻《涅槃经》,亲承三藏,作《涅槃义疏》释佛性义,正以中道为佛性,尔后诸师皆依朗法师《义疏》得讲《涅槃》,乃至释佛性

义。"（大正四十五·页三十五下）

③ **常乐我净**：称为大乘涅槃四德，即大乘佛教主张的进入涅槃后，所具有的四种性质或才德。"涅槃",又译作泥洹、灭度、寂灭、不生、解脱等，义为断灭了烦恼业报生死而得解脱。小乘佛教认为涅槃即是灭却烦恼之有余（依）涅槃或灰身灭智。大乘佛教认为涅槃诚然是依于智慧，远离烦恼障、所知障，不滞于生死之迷界，且因悲愿而救济众生，故虽在迷界中活动但又不滞于涅槃之境地。这样的涅槃具有"常"（永恒不灭不变）、"乐"（恒乐无苦）、"我"（绝对自由自在的佛身）、"净"（绝对清净无烦恼污染）这四种品德。所以《大涅槃经》云："常乐我净乃得名为大涅槃也。"（大正十二·页五〇二中）

④ **四重之瘭疽**：四种最重罪过，即淫乱、盗窃、杀生、妄语。瘭疽，一种疮毒，常生于指尖，多由创伤受感染而引起，甚者剧痛，俗称虾眼。

⑤ **无间之疣赘**：无间，即无间业。有五种极大恶业，决定受极苦之果（地狱）而无其他果报相间其中，名五无间业或名五逆，即：杀父、杀母、杀阿罗汉、出佛身血、破和合僧。疣赘，身体上的赘肉，比喻解脱中的累赘、障碍。

⑥ **疠**：病。

⑦ 痈：头痛病。

⑧ 蟠：弯曲。

⑨ 郢匠：《庄子·徐无鬼》云：有郢国之匠，技艺高超，运斧成风，能削去鼻上之粉而不伤鼻。这里比喻菩萨以高妙佛法，消除众生的烦恼。

⑩ 清难：疑为清汉，即天河，喻高远。

⑪ 云构：形容屋宇高大壮观。喻大厦也。

⑫ 幡：通翻，反复。

⑬ 真丹：又作"震旦"，古印度对中国的称谓。

⑭ 八邪：违反八正道的八种思想行为。即：一邪见，二邪思唯，三邪语，四邪业，五邪命，六邪方便（邪精进），七邪念，八邪定。

⑮ 九流：亦作九入、九孔、九漏。指人身上与外界接触沟通的九个孔窍，即两耳、两眼、两鼻孔、口及大便、小便处（大正二十二·页五八二上）。是人沉于欲海的九个孔窍。

⑯ 昙摩谶：又译作昙无谶。《高僧传》卷二记云：昙无谶，中天竺人，初学小乘，兼览五明（印度佛教教授学徒的五种学问。包括，（一）声明，声韵学和语文学；（二）工巧明，即工艺、技术、历算之学等；（三）医方明，即医、药学；（四）因明，论理学；（五）内明，即佛学。有白头禅师授以树皮《涅槃经》本，乃

改习大乘佛教。年二十，诵大小乘经二百余万言。善咒术，为王所重，西域称为"大咒师"。后往罽宾，携《大涅槃经》前分十卷及《菩萨戒经》《菩萨戒本》等入罽宾，由于此地流行小乘，不信《涅槃经》等大乘经典，乃到龟兹。北凉玄始元年（公元四一二年），河西王沮渠蒙逊迎接他到姑臧。谶学汉语三年后，在慧嵩、道朗协助下，译出《涅槃经》前分十卷及《大集经》等诸经。后在于阗寻得《涅槃经》中分、后分，续译之，此即《大涅槃经》。北魏太武帝闻其有方术，遣使迎请，蒙逊不与，且派人杀之，时为义和三年（公元四三三年），谶年四十九岁。

⑰ **沮渠河西王**：北凉沮渠蒙逊于玄始元年（公元四一二年）称河西王。

⑱ **城堑**：城墙与护城河。此处喻为佛法的护持者。

⑲ **玄始十年，岁次大梁**：即公元四二一年，此年岁星在大梁，为辛酉年。

⑳ **戢**：通"辑"，聚集。

㉑ **三万五千偈**：据未详作者的《大涅槃经记》云：此经"梵本都二万五千偈"（大正五十五·页六十上）。又据《大唐西域求法高僧传》卷上《会宁传》云：义净在印度亲见此梵本经目"其大数有二十五千颂"（大正五十一·页四上）。又据由梵本译出的藏文本

经后也说:"经文二万五千颂。"由此可知,此经原本似为二万五千偈。

㉒ 阎浮提:又译为剡浮洲或阎浮提鞞波,新称"赡部洲"。据称是须弥山南方的一大洲,此洲有阎浮树,故名。

㉓ 将灭之相:指佛教进入"末法"时代,佛法的精神将消失,只有教义文字,而无修行和证悟。

译文

《大涅槃经》这部经典,是法身的玄奥殿堂,是真正觉悟的真实称谓,是一切佛教经典的深远明镜,是一切佛教流派的最高宗旨。它的本体微妙地存在于万物之上,周遍流行于无穷的世界之内,任法之自然而动,根据时机而行事。任法之自然而动,就依凭虚寂之洞照来驾驭万物,借助语言工具来实现教化。根据时机而行事,顺应各种情形而显现为相,按照众生的情识而施行言教。乃至于形相充满十方世界,而内心没有思虑,教化遍于天下,而自己没有情欲,置身于尘埃蜉蚁之中而不为下贱,超过一切圣贤而不为高明,功德利济万物而不矜恃,光明胜过万日而不自居,与太虚浑然无间并存同寿,与法性契为一体,寂灭无形。

法性是诸法的最高本体，最高本体归根结底，是没有变化的，所以生灭变化不能改变它的永恒常在。生灭变化不能改变它的永恒常在，所以它恒常不动。悲伤不能减少它的快乐，所以它永远快乐。对五蕴之我的执着产生于妄想，虚幻之我起源于因缘和合的假名，因缘和合的假名只是一种名词概念，所以最高的我是超越名词概念的存在。超越名词概念而存在，所以能处在自由自在的神圣地位上，而虚幻的我不能改变它。

不清净产生于空无的清净，所以真正的清净如清水明镜能朗照万物。如清水明镜能朗照万物，所以不清净不能改变它的清净。因此这部经典的每一章都宣说"常乐我净"为义旨的总纲，开示达于常乐我净的境界为涅槃的本原。其作用能揭示前所未闻的佛法秘要，开启人们的心灵大门以达到洞照，消除四种极大罪过的疮毒，拔掉五种无间报应的赘瘤。揭示佛法秘要，就能使众生情智通畅，觉察自己神妙的真我，打开心灵天门，领悟潜在的微妙智慧之光，看到发光的神妙之珠就在自己体内。然而四大罪过、五大恶业，以及诽谤大乘佛法，这是所有病患中的疥疮，是产生疣赘的最大根源，所以《大涅槃经》这一名称的含义，就是断除了产生疣赘（业报）的根源。

这部经典以《大涅槃》为题目，此题目统摄了各种妙义，言辞简约而义理完备。义理的名称确立，就能观照三乘的优劣及最高境界之所在。然而要实现冥冥运化没有迹象，玄妙契入不用语言，完全顺应于虚寂之境，那么理就不能凭空运化，因此这部经典开示真诚的语言为教化之本，广泛应用各种比喻来领会义理，建立护持佛教正法为步入佛道的开始，察知佛法秘义为穷究佛道的本源，解除了千年来人们思想上的滞碍，打消了人们对佛法的种种疑虑。

至于佛理的微妙曲折、至精至微处，则有诸菩萨弘扬如郢匠那样的功夫，像大船一样渡济众生，高广宏大，反复论说，周到细密，从而使幽途化为平坦大道，宗旨目标豁然彰明。所以诵咏此经文而不感到疲劳，谈论其义旨而不觉得困倦，甘于玩味而不知满足，听其声音而不知厌倦。当初可以说微妙佛言的咏诵是在东土兴起，高妙的佛理开始传播于中国，佛的声音震响于世俗愚聋，佛的真容照耀着这个时代。然而那些少见寡闻之士和执着偏见的人，不考量自己的愚昧之见，竟然评论高深无比的佛教圣典，从而陷入是非的争论，为求一时的快心而讥毁诽谤佛教，先觉者不能使他从迷惑中返回，众多圣贤不能使他意志得到改变，即将沉蔽于八邪之网中，长期陷于九流的深渊里，难道不悲哀吗？难道不悲哀吗？

印度僧人昙无谶,是中印度人,婆罗门种姓。天资聪慧出众,领会与洞察力清明而深邃,论辩机智清晰有力,佛典与俗书综习会通。随着佛教的流传运化,他先到敦煌,停留了数年。大沮渠河西王,德行高深,建立王者大业,虽然日理万机,却经常想着弘扬佛道,护持佛法。正值华夏西部开始安定,此经与昙无谶自远方而至,如果不是与先前有感应,怎么会有如此巧合呢?

昙无谶到达此地后,在玄始十年,即辛酉年十月二十三日,河西王劝请昙无谶翻译。昙无谶手执梵文经书,用汉语宣读。此人神情坚毅,对于佛法特别敬重。在翻译时十分谨慎,毫无遗漏和隐瞒,搜寻研核佛经原本含义,务必体现佛经的义旨,唯恨梵文本佛经已散离,残缺不完备。才识平庸疏浅的我,有幸遇上这样的时运,日夜感慨交集,欣喜知遇良深,姑且标示此经的地位,叙述其风格,哪里谈得上已揭示了此经的宏大宗要呢?

这部经典的梵本正文有三万五千偈,译成此地汉文约计减为一百万字,现在所译出的只有一万多偈。如来入灭后,后人不考量自己愚昧疏浅,抄录此经,分成几部分,随意增减,并杂入当世语言,从而使此经丧失原本含义,如同将乳汁倒入水中。虽然是这样,但此经胜过其他诸经,足有千百倍。佛涅槃后的最初四十年,此经在阎浮提传播流行,昌明于世。四十年后,就隐没于地下,直到佛教"正法"时期即将结束前的八十年,才得流行于世,大降佛法雨露。从此以后,此经又隐没上千年。在"像法"的末期,虽然有此经,但人们对佛法的情感淡薄,没有敬仰信奉之心,于是使各种错误的见解相互争论,大大堵塞了佛教的道路,应知道这是遗存佛法即将沉灭的象征。

20 《长阿含经》序

释僧肇

原典

夫宗极绝于称谓，圣贤以之冲默；玄旨非言不传，释迦所以致教。是以如来出世，大教有三：约身口，则防之以禁律；明善恶，则导之以契经；演幽微，则辩之以法相。然则三藏之作也，本于殊应，会之有宗，则异途同趣矣。

禁律，律藏也，《四分》①《十诵》②。法相，阿毗昙藏③也，四分五诵④。契经，四阿含⑤藏也：《增一阿含》⑥四分八诵；《中阿含》⑦四分五诵；《杂阿含》⑧四分十诵；此《长阿含》⑨四分四诵，合三十经以为一部。

阿含，秦言"法归"。"法归"者，盖是万善之渊府，总持之林苑。其为典也，渊博弘富，温而弥旷。明宣祸福贤愚之迹，割判真伪异济之原，历记古今成败之数，墟域二仪品物之伦。道无不由，法无不在，譬彼巨海百川所归，故以"法归"为名。开析修途，所记长远，故以"长"为目。玩兹典者，长迷顿晓。邪正难辩，显如昼夜；报应冥昧，照若影响；劫数虽辽，近犹朝夕；六合虽旷，现若眼前。斯可谓朗火（大）明于幽室，慧五目⑩于众瞽，不窥户牖，而智无不周矣。

大秦天王，涤除玄览，高韵独迈，恬智交养，道世俱济，每惧微言翳于殊俗。以右将军使者、司隶校尉、晋公姚爽，质直清柔，玄心超诣，尊尚大法，妙悟自然⑪，上特留怀，每任以法事。以弘始十二年，岁上章⑫掩茂⑬，请罽宾三藏沙门佛陀耶舍⑭，出律藏《四分》四十卷，十四年讫。十五年岁昭阳⑮奋若⑯，出此《长阿含》讫。凉州沙门佛念为译，秦国道士道含笔受。时集京夏名胜沙门，于宅第校定，恭承法言，敬无差舛，蠲华崇朴，务存圣旨。

余以嘉遇，猥参听次，虽无翼善之功，而豫亲承之末，故略记时事，以示来览焉。

注释

①《四分》：即《四分律》，佛教戒律经典，后秦弘始十年（公元四〇八年）佛陀耶舍与竺佛念共译

六十卷。原为印度上座部系统昙无德部（意译法藏或法密）所传戒律，故亦名《昙无德律》，因全书分为四部分（比丘法、比丘尼法、受戒法、灭诤法），故名《四分律》，其中规定比丘戒二五〇条，比丘尼戒三四八条，对修行的规定甚详，为中国古代最有影响力的佛教戒律。

②**《十诵》**：即《十诵律》，后秦弘始六—七年（公元四〇四—四〇五年）间，弗若多罗与鸠摩罗什共译，六十一卷。因全书的内容是在结集律藏时，分十次诵出的，故名。

③**阿毗昙藏**：义为"阿毗昙"是对诸法性相的分别解说。亦即是专门解释佛经义理的论著。

④**四分五诵**："阿毗昙"的内容由四部分（向分、非向分、摄相分、厚分）构成，分五次诵出。

⑤**阿含**：又译作"阿伽摩"或"阿笈摩"，意译"法归""无比法"等，是原始佛教经典汇编的名称，在一般佛教文献里都将它看成声闻乘三藏中的"经藏"，称为"事契经"。主要内容是记叙释迦牟尼佛的教说，及其弟子们的修道与传教活动，论述了四谛、八正道、十二因缘、缘起、无常、无我、五蕴、四禅等初期佛教的基本教义。《阿含经》分为四大部，称为四阿含，即《长阿含》《中阿含》《杂阿含》《增一阿含》，每部阿含又包括许多内容不同的小经。

⑥《增一阿含》：全经结构为四分八诵，五十二品，含四七二经。因经文按照法数的顺序相次编纂，从"一法"开始，逐次增加，一直到"十一法"，故名《增一阿含》。

⑦《中阿含》：全经结构为四分五诵，十八品，含二二二经。由于各部经的篇幅着中，故名《中阿含》。

⑧《杂阿含》：全经结构为四分十诵，含一三六二经。因其内容广泛庞杂，故名。

⑨《长阿含》：全经结构为四分四诵，含三十经。由于各部经的篇幅较长，所记事多涉及长远时间，故名。

⑩ 五目：肉眼、天眼、慧眼、法眼、佛眼。一、二眼只见事物幻象，三、四眼能见事物实相，佛眼无所不知无所不见。

⑪ 自然：《老子》云"道法自然"，以自然为道，道即自然。这里借用"自然"，以指佛道。

⑫ 上章：古代用甲子纪年，庚年称上章。

⑬ 掩茂：地支中戌的别称，也作阉茂。

⑭ 佛陀耶舍：意译"觉名"，罽宾人，婆罗门种姓，十三岁出家，十九岁诵大小乘经数百万言，二十七岁受具足戒。后与鸠摩罗什相遇，罗什劝姚兴请耶舍共译佛经，先后译出《昙无德律》(即《四分律》)、《长阿含经》，其后辞还外国，不知所终。

⑮ **昭阳**：即癸年。太岁在癸曰昭阳。

⑯ **奋若**：即丑年。

译文

　　佛教的最高真理是离开一切称谓的，圣贤持之以没有思虑言语的沉默；玄妙的义旨离开了语言就无法传授，所以释迦牟尼佛要进行言教。因此如来出现于世，其言教有三大方面：为了约束身与口，就规定了禁律加以防止；为了辨明善与恶，就用契经来加以引导；为了阐明幽微义理，就用法相来加以辩论。佛教经、律、论三藏的建立，是为了适应各种不同的众生，三藏会通于同一个宗旨，不同的途径达到同一个目的。

　　"禁律"属于"律藏"，有《四分律》《十诵律》。"法相"属于"阿毗昙藏"，有四分五诵。"契经"属于"四阿含藏"，其中《增一阿含》有四分八诵；《中阿含》有四分五诵；《杂阿含》有四分十诵；《长阿含》有四分四诵，共集三十种经，合为一部。

　　"阿含"，汉语的意思是"法归"。所谓"法归"，意思是说它是万善的会归所，是含摄一切的林苑。它作为一部佛典，内容渊博宏富，越温习越觉得它博大。它明白地宣说祸与福、贤与愚的迹象，分辨真与伪、相异与相济的本原，一一记述古往今来成功与失败的经历，区分天地万物的品类。佛道无不经由它，佛法无不依存于它，如同大海是千百条河流的归所，所以称为"法归"。此经揭示出久远的历程，记述长远的过去所发生的事，所以名为"长"阿含。研习玩味这部经典的人，长久的迷惑顿时晓悟。难以分辨的邪与正，如同白天与黑夜一样分明；冥冥之中的因果报应，如同形与影、声音与回响一样明显；千万年的久远时间，好像当下时节；辽阔无限的世界，好像就展现在眼前。这真可以说是于暗室之中大放光明，使盲人开启慧眼，不向门窗外观看，而自然了知一切的智慧。

后秦国王姚兴，清除杂念深入静观，高尚的情趣独超当世，恬淡与智慧交相修养，佛道与世政同时利济，常常担心佛教的微言精义被异地的习俗所掩蔽。由于右将军使者、司隶校尉、晋公姚爽的性格质朴、清静温和，玄妙之心超世脱俗，崇敬信奉佛法，妙悟佛道，因此国王姚兴对他特别器重，经常委任他负责佛教事宜。在后秦弘始十二年（公元四一〇年），此年正值庚戌年，请罽宾三藏法师佛陀耶舍译出律藏中的《四分律》四十卷，弘始十四年（公元四一二年）译完。弘始十五年（公元四一三年），此年为癸丑年，译完《长阿含经》。凉州僧人竺佛念翻译，秦地僧人道含执笔书写。

当时汇集了京城（长安）华夏著名僧人，在姚爽住宅校对审订，恭敬地顺从佛法之言，不使发生差错，去掉华丽，崇尚质朴，务必保存佛的意旨。

　　鄙人有幸遇此盛举，参加听讲，虽然没有辅助善事的功德，但参与了译校的最后事宜，所以简明地记述当时之事，以便后来人览阅。

21　关中出《禅经》序

释僧叡

原典

禅法者，向道之初门，泥洹之津径也。此土先出《修行》、大小《十二门》、大小《安般》，虽是其事，既不根悉，又无受法，学者之戒[1]，盖阙如也。究摩罗法师，以辛丑之年十二月二十日，自姑臧至常安。予即以其月二十六日从受禅法。既蒙启授，乃知学有成准，法有成条。《首楞严经》云："人在山中，学道无师，道终不成。"是其事也。

寻蒙抄撰众家禅要，得此三卷[2]。初四十三偈，是究摩罗罗陀[3]法师所造。后二十偈，是马鸣[4]菩萨之所造也。其中五门[5]，是婆须密、僧伽罗叉、沤波崛、僧伽斯那、勒比丘、马鸣、罗陀禅要之中，抄集之所出也。六觉[6]中偈，是马鸣菩萨修习之，以释六觉也。初观淫、恚、痴相及其三门⑦,皆僧伽罗叉之所撰也。息门六事⑧,诸论师说也。菩萨习禅法中,后更依《持世经》益《十二因缘》一卷,《要解》二卷,别时撰出。

夫驰心纵想,则情愈滞,而惑愈深。系意念明,则澄鉴朗照,而造极弥密。心如水火,拥之聚之,则其用弥全;决之散之,则其势弥薄。

故论云:质微则势重,质重则势微。如地质重,故势不如水;水性重,故力不如火;火不如风,风不如心。心无形,故力无上。神通变化,八不思议,心之力也。心力既全,乃能转昏入明。明虽愈于不明,而明未全也。明全在于忘照,照忘然后无明非明⑨;无明非明,尔乃几乎息矣;几乎息矣,慧之功也。故经云:"无禅不智,无智不禅。"然则禅非智不照,照非禅不成。大哉!禅智之业,可不务乎!

出此经后,至弘始九年闰月五日,重求检校,惧初受之不审,差之一毫,将有千里之降,详而定之,辄复多有所正。既正既备,无间然矣。

注释

① 戒:这里的"戒"指修习禅法应遵守的程式和师法。

②三卷：此处的禅要三卷，从下文所说的内容来看，即指鸠摩罗什译的《坐禅三昧经》。

③究摩罗罗陀：梵文名 Kumāralabdha，印度佛教论师。意译"童受""童首"等。

④马鸣：约公元一、二世纪间印度大乘佛教著名论师。据说曾为沙门外道说法，"诸有听者，莫不开悟"，就连马匹也"垂泪听法，无念食想"，故名马鸣。主要著作有《佛所行赞》《大庄严论经》。相传还撰有《大乘起信论》。

⑤五门：五种法门，即：第一治淫欲法门，第二治嗔恚法门，第三治愚痴法门，第四治思觉法门，第五治等分法门。

⑥六觉：治思觉法门中有六觉，即：欲思觉、恚思觉、恼思觉、亲里思觉、国土思觉、不宛思觉。思觉，思量记忆不忘之义。

⑦三门：即上述五门中的前三门。

⑧息门六事：即《安般守意》中的六个步骤：数息、随息、止、观、还、净。

⑨无明非明：明与非明都彻底忘却。

译文

禅定之法，是走向佛教道路的第一步，是达到涅槃的必由途径。中土原来译出的《道行修行经》、大小《十二门经》、大小《安般守意经》，虽然都属于禅法的经典，但既不悉备，又没有传授的规式，对于学者修习禅法应遵守的规式，大概是没有的。鸠摩罗什法师在辛丑年（公元四〇一年）十二月二十日，自姑臧（今甘肃武威）到达常安（长安。今西安），我就在这一月的二十六日，从罗什学禅法。承蒙罗什法师的启发传授，方知修学有一定的准则，禅法有一定的规程。《首楞严经》云："人在山中，学道无师，道终不成。"讲的就是这个道理。

不久，蒙罗什法师之许，我抄写了各家禅法的要点，成为三卷。开头的四十三偈，是鸠摩罗罗陀法师所作。结尾的二十偈，是马鸣菩萨所作。中间的五法门，是从婆须密、僧伽罗叉、沤波崛、僧伽斯那、勒比丘、马鸣、罗陀等禅要中抄集而成的。"六觉"中的偈颂，是马鸣菩萨所修习的，用以解释"六觉"。第一观淫、恚、痴相及其三门，都是僧伽罗叉所撰的。数息观的六事，是诸论师的解说。在菩萨修习禅法中，后来又依据《持世经》出《十二因缘》一卷，《禅法要解》二卷，是另外撰写的。

任凭思想驰骋，那就会使情识更加固执，而迷惑愈加深重。如果摄心一意心地明朗，那就会像一尘不染的明镜一样，清楚地照见一切，更易达到终极境界。人的精神如同水火，使之收敛集中，其作用就发挥得愈强大；如果使之散乱自流，它的作用就愈是薄弱。

所以论书上说："质量愈轻微的东西，其力量愈大；质量愈重的东西，其力量愈小。"例如，土的质量比水重，所以土的力量不如水；水的质量比火重，所以水的力量不如火；火的力量不如风，风的力量不如精神。精神没有形体，所以其力量没有什么比得上。通达一切、变化无穷、八种不可思议，都是精神的作用。精神的作用发挥得全面，才能使愚昧转变为聪明。聪明虽然胜过愚昧，但还不是彻底的聪明，彻底的聪明在于舍弃一切分别认识。舍弃一切分别认识后，也就无所谓聪明和不聪明；无所谓聪明和不聪明，也就接近于寂静；接近于寂静，就是智慧的功用。所以佛经上说："没有禅定，就没有智慧；离开了智慧，就没有禅定。"那么，禅定离开了智慧，就不会有洞照的功用；离开了禅定，也就不会产生洞照的智慧。宏大呀！禅定与智慧的功夫，怎么可以不修习呢？

此经抄出之后，到弘始九年（公元四〇七年）闰月五日，又重新检查校勘，担心当初抄写时不够审慎，如果差之毫厘，就会失之千里，经过详细校订，更正了不少地方。订正详备，也就没有缺陷了。

22　庐山出《修行方便禅经》统序

释慧远

原典

庐山出《修行方便禅经》①统序

释慧远

夫三业之兴,以禅智为宗,虽精粗异分,而阶借有方,是故发轸分逵②,途无乱辙,革俗成务,功不待积,静复所由,则幽绪告微。渊博难究,然理不云昧,庶旨统可寻,试略而言。

禅非智无以穷其寂,智非禅无以深其照。则禅智之要,照寂之谓,其相济也。照不离寂,寂不离照,感则俱游,应必同趣,功玄在于用,交养于万法。其妙物也,运群动以至壹而不有,廓大象③于未形而不无,无思无为,而无不为。是故洗心静乱者,以之研虑;悟微

（彻）入微者，以之穷神也；若乃将入其门，机在摄会。

理玄数广，道隐于文，则是阿难，曲承音诏，遇非其人，必藏之灵府④。何者？心无常规，其变多方，数⑤无定像，待感而应。是故化行天竺，缄之有匠，幽关莫开，罕窥其廷。从此而观，理有行藏，道不虚授，良有以矣。

如来泥曰⑥未久，阿难传其共行弟子末田地⑦，末田地传舍那婆斯。此三应真，咸乘至愿，冥契于昔，功在言外，经所不辨，必暗轨⑧元匠，孱焉无差。其后有优婆崛⑨，弱而超悟，智终世表，才高应冥（真），触理从简，八万法藏，所在唯要，五部之分⑩，始自于此。

其为要也，图大成于末象，开微言而崇体；悟惑色之悖德，杜六门以寝患⑪；达忿竞之伤性，齐彼我以宅心⑫；于是异族同气，幻形告疏⑬；入深缘起，见生死际⑭。尔乃辟九关⑮于龙津，超三忍⑯以登位，垢习凝于无生⑰，形累毕于神化。故曰无所从生，靡所不生，于诸所生而无不生。

今之所译，出自达磨多罗与佛大先⑱。其人西域之俊，禅训之宗，搜集经要，劝发大乘，弘教不同，故有详略之异。达磨多罗阖众篇于同道，开一色为恒沙⑲。其为观也，明起不以生，灭不以尽，虽往复无际，而未始出于如。故曰："色不离如，如不离色；色即是如，如即是色。"

佛大先以为，澄源引流，固宜有渐。是以始自二道，开甘露门，释四义以返迷，启归途以领会；分别阴界，导以正观，畅散缘起，使优劣自辨，然后令原始反终，妙寻其极。其极非尽，亦非所尽，乃曰：无尽入于如来无尽法门。非夫道冠三乘，智通十地，孰能洞玄根于法身，归宗一于无相，静无遗照，动不离寂者哉！

注释

①**《修行方便禅经》**：佛驮跋陀罗于庐山翻译的禅经，据说此禅经传自达摩多罗，因而亦名《达摩多罗禅经》，佛驮跋陀罗的弟子慧观称此禅经为《修行地不净观经》。

②**逵**：四通八达的道路。音ㄎㄨㄟˊ。

③**廓大象**：使无形的大象更加无形。大象，《老子》云："大象无形。"《老子·四十一章》，是说一切具体现象之上的本原是无形无相的。

④**灵府**：心灵之府（即精神之宅），即心也。

⑤**数**：这里指智慧。

⑥**泥曰**：即泥洹（详《佛光大辞典》，页四一四九中）。

⑦**末田地**：又译作"摩田地""末田地那"等，义

为"中""日中""水中"等，阿难的弟子。

⑧ **暗轨**：暗中效法、默契。

⑨ **优婆崛**：又译作"优婆鞠多""优波笈多"等，义为"近护"或"小护"。佛典称他为付法藏第五师，出世于佛灭后百年，阿育王时代，人称为"无相佛"。

⑩ **五部之分**：将一切禅法划分为五部，后称为"五门禅"，亦名"五停心"，包括数息观、不净观、慈悲观、界分别观、因缘观。

⑪ **杜六门以寝患**：此为"不净观"，即在禅定时观想人身污秽不净，以消除情欲。六门，感受外物的眼、耳、鼻、舌、身、意六个门户。

⑫ **齐彼我以宅心**：此为"慈悲观"，即在禅定时观想众生可怜之相，消除仇恨和损害他人的心理，内心树立彼我一体的观念。

⑬ **幻形告疏**：此为"界分别观"，在禅定时观想万法皆由"六界"和合而成，虚幻无常，以对治自我及外物的执着。

⑭ **生死际**：此为"因缘观"，在禅定中观想十二因缘、生死轮回，对治迷于人生的愚痴。

⑮ **九关**：即九次第定，指初禅、二禅、三禅、四禅、空处、识处、无所有处、非想非非想处、灭受想九个次第定，是逐步提高的九个禅定阶段，最后达到极

致，止息一切心识活动。

⑯ **三忍**：忍是忍受、认可，即安于苦难和耻辱，以及认可佛教真理的意思。"三忍"指耐怨害忍、安受苦忍、谛察法忍。

⑰ **无生**：即无生法忍，谓生灭变化的一切现象，都是众生虚妄分别的产物，其本质是至虚至寂、无生无灭的，达到此种认识，称"无生法忍"，修得无生即能趣入涅槃。

⑱ **达磨多罗与佛大先**：二人为同时代人，约生活于公元四五世纪。据慧观《修行地不净观经序》（大正五十五·页六十六中—六十七上）记，昙（达）摩多罗从天竺来，将禅要传与婆陀罗，婆陀罗传与佛陀斯那。佛大先，即佛陀斯那，行化于罽宾，佛驮跋陀罗为其弟子。

⑲ **开一色为恒沙**：在禅观中，融合一切事物为同一对象，或想象一种对象周遍一切事物，如观水时，一切事物皆是水的形相；观地时，一切事物都变成地的形相。这种观法有十种可选择，即地、水、火、风、青、黄、赤、白、空、识，称为"十遍处"。

译文

戒、定、慧三方面的修行，以禅定和智慧为根本宗旨，虽然人们的天资有聪明和愚钝之差别，但有一定的修行次第和方法，所以人们分别发心走上修行的道路，途中都遵循同样的规则，革除世俗的迷惑，成就佛法的修行，不需要长期的积累功夫，只要回归寂静，便知其微妙的端绪。虽然博大精深，难以探究，但其中的道理是存在的，其宗旨大体可以探寻，尝试做如下简略的议论。

禅定离开了智慧，就不能达到高度的寂静；智慧离开了禅定，就不会有深远的观照。那么禅与智的精要，可说是观照与寂静的关系，是相辅相成的。观照离不开寂静，寂静离不开观照，有感时便一起出现，有应时便同时到达，其玄妙的功用表现在作用上，交相作用于万法。其对万物的微妙作用，是使各种运动变化达到"至一"而不为有，扩大空寂未形的大象而不为无，没有思虑，没有作为而又无所不为。所以清洗情识止息杂念者，以此磨炼思虑；彻底觉悟而达到精微者，以此达到精神的最高境界；至于将入门者，则关键在于收敛精神达到专一。

佛教的义理玄妙，智慧广大，佛道隐于文字之中，因而阿难多方面承受释迦的法音教导，但若不遇到能真正承传的人，必然藏之胸中，秘而不宣。为什么呢？因为人心是无常的，变化多端，智慧没有固定的形象，只是待感而应。所以佛教行化于天竺，而有的匠师闭口不传，佛理之门未打开，就很少察知其内容。由此看来，佛理有流传亦有隐藏，佛道不会随意凭空传授，这是很有道理的。

如来涅槃后不久，其弟子阿难传法给和他共同修行的弟子末田地，末田地传给舍那婆斯。这三位罗汉都是由于各自的最大愿力，而冥冥相契于过去，他们相契的功夫在言说之外，不是从经典中所能看出来的，而必是暗中接受老师的指点，才能师徒相承而毫无差异。在这三位罗汉之后有优婆崛，他在未成年时就有超人的悟解力，智慧超绝于世俗之外，才能高出于罗汉之上，一接触佛理都能化繁为简，八万法藏在他那里被概括为纲要，五部禅法的划分，就是从此开始的。

五部禅法的要义，是取得修行的最大成就，要从对治一般的现象着手，同时努力体究禅法的微言，而崇尚根本义旨；领悟迷惑于男女之色身，是与佛教道德不相容的，应当杜塞眼、耳、鼻、舌、身、意"六根"对相应之境的执取，以止息祸患；通达明白愤怒竞争是有伤于自我心性的，对于他人和自我应同等看待，一起忘怀；于是观想到各种人和物，都是由地、水、火、风、空、识"六界"同一气化和合而成的虚幻形体，由此而疏远对虚幻形体的执着;深入观察十二因缘的道理,了解生死轮回的真正实质。这样就可以开通"九关"的道路,有次第地超越三种法忍,从而得到阿罗汉的果位,进而一切污垢恶习都止息于"无生"的认识之中,为肉体所累的精神,也依靠体神入化的作用而得到解脱。所以说,"无生"是无所从生又无所不生,处于各种生灭流转之中而又没有生灭。

现今所翻译的《修行方便禅经》,出自达摩多罗与佛大先。此二人是西域的杰出人物,训释禅法的宗师,搜集禅经要法,引导人们修习大乘佛法,由于弘教的方法不同,所以有详略之别。达摩多罗综合诸部禅法为统一的禅法,即以一色通观一切事物。这种观法,明了一切事物生起的本质是不生起,消灭的本质是不消灭,虽然事物生生灭灭变化无穷,而始终不离开真如本体。所以说:"事事物物不离真如本体,真如本体不离事事物物;事物即是真如本体,真如本体即是事物。"

佛大先则认为,理清佛教的本旨,引导众生开悟,应该循序渐进。因此在开始时以数息观和不净观,打开接受佛教的大门,通晓退、住、升进、决定四义,从而由迷途返归正道,在返归正道中领会佛教要旨;同时要辨明五阴和十八界,用禅定与智慧加以引导,透彻分析十二因缘，使优劣自现，然后由始至终寻求究竟境界。这种究竟境界是非尽，又非所尽，称为"无尽"，因而进入如来无尽法门。如果不是他们的禅法冠于声闻、缘觉、菩萨三乘，智慧通于修行过程中的十个阶位，又怎能洞察到玄妙的根本在于法身，返本归宗于唯一的无相涅槃，寂静而不舍弃洞照，活动而不离寂灭呢？

23 《贤愚经》记

释僧祐新撰

原典

《贤愚经》①记

释僧祐新撰

十二部典②,盖区别法门。旷劫因缘,既事照于本生③;智者得解,亦理资于譬喻。《贤愚经》者,可谓兼此二义矣。

河西沙门释昙学④、威德等,凡有八僧,结志游方,远寻经典,于于阗大寺,遇般遮于瑟⑤之会。般遮于瑟者,汉言五年一切大众集也。三藏诸学,各弘法宝,说经讲律,依业而教。学等八僧随缘分听,于是竞习胡音,折以汉义,精思通译,各书所闻,还至高昌,乃集为一部。

既而逾越流沙,赍到凉州。于时沙门释慧朗,河西宗匠,道业渊博,总持方等,以为此经所记,源在譬喻,譬喻所明,兼载善恶,善恶相翻,则贤愚之分也。前代传经,已多譬喻⑥,故因事改名,号曰《贤愚》焉。

元嘉二十二年⑦,岁在乙酉,始集此经。京师天安寺沙门释弘宗者,戒力坚净,志业纯白⑧。此经初至,随师河西,时为沙弥⑨,年始十四,亲预斯集,躬睹其事。洎梁天监四年,春秋八十有四,凡六十四腊,京师之第一上座也,唯经至中国,则七十年矣。祐总集经藏,访讯遐迩,躬往咨问,面质其事。宗年耆德峻,心直据明,故标讲为录,以示后学焉。

注释

①《贤愚经》:一名《贤愚因缘经》,十三卷、六十九品,是叙述佛及其弟子们前生因缘故事的经典。

② **十二部典**:又称十二分教或十二分经。由于一切经的经文体裁和所载的事相不同,故从三藏分出十二种名称,称三藏十二部经。总则称一切经,别则称十二部。详见前注。

③ **本生**:菩萨前生利益众生的行为、事迹。

④ **释昙学**:唐《开元释教录》卷六中作"释昙觉"。

⑤ 般遮于瑟：直译为"五年会"，即五年一次的大斋会。意译"无遮会"，没有限制和排斥，所有佛教信徒都可参加的大会。

⑥ 已多譬喻：此前关于譬喻的经典有《杂譬喻经》《法句譬喻经》等。

⑦ 元嘉二十二年：此时间疑有误记，按下文所述的几个年代关系推算，此处似为"元嘉十二年"。

⑧ 纯白：洁白无瑕，一点污染也没有。

⑨ 沙弥：义为息恶、行慈等，七岁以上二十岁以下，受过十戒的出家男子称为"沙弥"。

译文

佛教经文的十二部类划分，在于区分佛法的不同门类。千百年的因缘故事，揭示了诸菩萨的前生事迹；智者解悟佛理，亦借助于各种譬喻。《贤愚经》可以说兼含了这两方面的意义。

河西（甘肃河西走廊一带）沙门释昙学、威德等八名僧人，结伴远游，寻求佛经，在于阗遇见当地五年举行一次的般遮于瑟大会。"般遮于瑟"，用汉语说，是五年举行一次一切人都能参加的大集会的意思。在这次会上，三藏学者们各自弘扬对经论的悟解，宣说经藏讲解戒律，依据各自的修习进行宣教。释昙学等八名僧人，随着这个机缘分头参加听讲，并且努力学习胡语，把胡语转为汉语，精心思考和翻译，记录各自所闻，然后返回高昌（新疆吐鲁番），综合起来编集为一部经。

继而又越过沙漠，送到凉州。当时有一沙门释慧朗，是河西著名的僧人，此人学识渊博，修持大乘经论，他认为这部经典所记载的，原本在于譬喻，譬喻所要辨明的，在于何为善何为恶，善与恶的对立就是贤与愚的区别。而前代所传译的经典中有不少是属于譬喻一类的，因此为了区别起见，将这部经取名为《贤愚经》。

宋元嘉二十二年（公元四四五年），此年为乙酉年，开始编集此经。京师（南京）天安寺沙门释弘宗，持戒坚定纯净，修行纯粹无疵。此经开始传来时，弘宗随师到达河西，当时还是沙弥，年仅十四岁，亲自目睹了此经编集之事。到梁天监四年（公元五〇五年）时，弘宗已八十四岁，法腊六十四年，为京师第一流高僧大德，此经传到中国已有七十年了。僧祐为了汇集佛教经籍，远近访问，并亲自询问弘宗，听弘宗当面介绍此经的编集之事。弘宗年老德高，直心而言，言之有据，因此我将此事记录下来，使后来学者知晓。

24 《无量义经》序

荆州隐士刘虬

原典

《无量义经》者，取其无相一法，广生众教，含义不赀，故曰"无量"。夫三界群生，随义（业）而转，一极①正觉，任机而通。流转起灭者，必在苦而希乐，此叩圣之感也。顺通示现者，亦施悲而用慈，即救世之应也。根异教殊，其阶成七。

先为波利②等说五戒，所谓人天③善根，一也。次为拘邻④等转四谛，所谓授声闻乘，二也。次为中根演十二因缘，所谓授缘觉乘，三也。次为上根举六波罗蜜，所谓授以大乘，四也。众经宜融，群疑须导，次说《无量义经》，既称得道差品，复云未显真实，使发求实之冥机，用开一极之由序，五也。故《法华》接唱，显一除三,顺彼求实之心,去此施权之名,六也。虽权开而实现,犹掩常住之正义,在双树⑤而临崖,乃畅我净之玄音,七也。

过斯以往,法门虽多,撮其大归,数尽于此,亦由众声不出五音之表,百氏并在六家之内。

其《无量义经》,虽《法华》首载其目⑥,而中夏未睹其说,每临讲肆,未尝不废谈而叹,想见斯文。忽有武当山⑦比丘慧表,生自羌⑧胄⑨,伪帝姚略⑩从子⑪,国破之日,为晋军何澹之所得。数岁聪黠,澹之字曰螟蛉⑫,养为假子。俄放出家,便勤苦求道,南北游寻,不择夷险。

以齐建元三年,复访奇搜秘,远至岭南⑬,于广州朝亭寺,遇天竺沙门昙摩伽陀耶舍。手能隶书,口解齐言,欲传此经,未知所授。表便殷勤致请,心形俱至,淹历旬朔⑭,仅得一本。仍还峤⑮北,赍入武当。以今永明三年九月十八日,顶戴出山,见投弘通。奉觌真文,欣敬兼诚,咏歌不足,手舞莫宣,辄虔访宿解,抽刷庸思,谨立序注云。

自极教应世,与俗而差,神道救物,称感成异。玄圃⑯以东,号曰太一;罽宾以西,字为正觉。东国明欻庆于百年,西域辨休咎于三世。希无之与修空,其揆一也。有欲于无者,既无得无之分,施心于空者,岂有入空之照？而讲求释教者，或谓会理可渐，或谓入空必顿。请试言之，以筌幽寄。

立渐者，以万事之成，莫不有渐，坚冰基于履霜[17]，九成[18]作于累土。学人之入空也，虽未员符，譬如斩木，去寸无寸，去尺无尺，三空[19]稍登，宁非渐耶？立顿者，以希善之功，莫过观于法性，法性从缘，非有非无。忘虑于非有非无，理照斯一者，乃曰解空。存心于非有非无，境智犹二者，未免于有。有中伏结，非无日损[20]之验；空上论心，未有入理之效。而言纳罗汉于一听，判无生于终朝，是接诱之言，非称实之说。妙得非渐，理固必然。

既二谈分路，两意争途，一去一取，莫之或正。寻得旨之匠，起自支安。支公[21]之论无生，以七住为道慧阴足，十住则群方与能，在迹斯异，语照则一。安公之辩异观，三乘者，始匮（篑）之因称；定慧者，终成之实录。此谓始求可随根三，入解则其慧不二。《譬喻》亦云："大难既夷，乃无有三；险路既息，其化即亡。"此则名一为三，非有三悟，明矣。

生公云："道品"可以泥洹，非罗汉之名；"六度"可以至佛，非树王[22]之谓。斩木之喻，木存故尺寸可渐；无生之证，生尽故其照必顿[23]。案三乘名教，皆以生尽照息，去有入空，以此为道，不得取象于形器也。

今《无量义》亦以无相为本，若所证实异，岂曰无相？若入照必同，宁曰有渐？非渐而云渐，密筌之虚教耳。如来亦云："空拳诳小儿，以此度众生㉔。"微文接粗，渐说或允；忘象得意，顿义为长。聊举大较，谈者择焉。

注释

① **一极**：至理无二曰一，至高无上曰极。一极，即佛教的最高真理或最高境界。

② **波利**：常与提谓并称，为佛陀成道后，最初供养、皈依之二商人。据《方广大庄严经》卷十《商人蒙记品》所载，世尊成道第四十九日，于多演林树下端坐；时有北天竺提谓、波利兄弟二人，为众商主，载五百乘之珍宝将返本国，相遇于此，共同供养世尊，听讲人天之法，并皈依世尊，为佛弟子。此即佛门有优婆塞之始。

③ **人天**：人乘和天乘。修持五戒而生于人间者为人乘，修持十善而生于天上者为天乘。

④ **拘邻**：即阿若憍陈如，释迦佛成道后于鹿野苑所度之五比丘之一。

⑤ **双树**：娑罗双树之略，相传为佛寂灭处。

⑥ **首载其目**：《妙法莲华经》卷一曰："是时日月灯明佛说大乘经，名《无量义》，教菩萨法，佛所护念。说是经已，即于大众中结跏趺坐，入于无量义处三昧。"

⑦ **武当山**：在湖北西北部，汉江南岸。自明清以后，成为道教圣地。

⑧ **羌**：我国古代西部民族之一。

⑨ **胄**：后代。

⑩ **姚略**：后秦国主姚兴，字子略。

⑪ **从子**：侄子。

⑫ **螟蛉**：一种桑虫。蜾蠃（一种青黑色的细腰蜂）产卵于螟蛉幼虫体内，吸取养料，蜾蠃后代便从螟蛉幼虫体内孵出，古人误以为蜾蠃养螟蛉幼虫为子，遂以螟蛉为养子的代称。

⑬ **岭南**：指广东、广西境内的五岭以南地区。

⑭ **旬朔**：十天或一个月。

⑮ **峤**：尖峭的山，山岭。

⑯ **玄圃**：指昆仑山。《水经注》云："昆仑之山三级：下曰樊桐，一名板桐；二曰玄圃，一名阆风；上曰层城，一名天庭，是为太帝之居。"

⑰ **坚冰基于履霜**：《周易·坤卦》曰："履霜，坚冰至。"意谓按冬天气温渐低的自然规律，踏着薄霜，可推知坚厚的冰层即将结成。

⑱ **九成**：九层，表示较高的高度。九，代表数之多。

⑲ **三空**：指"空""无相""无愿"三解脱门。此三者共明空理，故曰"三空"。

⑳ **日损**：《老子·第四十八章》曰："为学日益，为道日损，损之又损，以至于无为。"意谓要经过不断地减少知识，最后达到无为的境界。

㉑ **支公**：即支遁（支道林）。支遁认为七地以前需要渐修，于七地时始见"无生"，发生顿悟，慧达在《注肇论疏》中称之为"小顿悟"，而相对于竺道生的"大顿悟"。

㉒ **树王**：众树之王，这里似喻佛为众生之尊。

㉓ **生尽故其照必顿**：此句的大意是说，斩木的比喻是以"有"（木头）为前提的；而对"无生"的证悟，是以"无"为对象的，二者的前提和对象截然相反，所以前者为"渐"，后者必"顿"。

㉔ **以此度众生**：《大智度论》卷二十云："我坐道场时，智慧不可得，空拳诳小儿，以度于一切。"（大正二十五·页二一一上）

译文

《无量义经》是取"诸法无相"之义，从中引出各种教化，其含义不可测度，所以称为"无量"。欲界、色界、无色界的众生，随着自己所造身、口、意三业的大小而在六道中流转轮回，达到最高境界的觉悟者，根据众生的根机进行启发开导。在生死苦海中漂流轮回的人，必然为了舍苦求乐而祈求圣人的感化。顺应通达众生的根机而显示教化的圣人，也必然对众生施以慈悲，以满足众生拔除苦难的愿望。由于众生的根机不同，进行教化的内容和方法也因之有异，所以有七个阶次。

起初是为波利宣说不杀生、不偷盗、不邪淫、不妄语、不饮酒之"五戒"，适应于所谓人天乘根机的人，这是第一阶次。其次是为拘邻等比丘演说苦、集、灭、道之"四谛"，适应于声闻乘人修持，这是第二阶次。其次为中等根机的人演说"十二因缘"，适应于缘觉乘人修持，这是第三阶次。其次为上等根机的人演说"六波罗蜜"，所谓传授大乘教义，这是第四阶次。各种教义应融会贯通，各种疑惑须加以开导，其次宣说《无量义经》，先说体悟佛道有品位差别，接着说这些品位差别，都未能显示真如实相，使众生发生追求真如实相内在动机，用作通向最高境界的起点，这是第五阶次。所以《法华经》在此基础上倡导显示一乘实相，除去三乘差别，顺应众生追求真如实相之心，去掉方便教化之名，这是第六阶次。虽然开方便教化之门，又显示真如实相，但还是掩盖着常住不变的真理（即常住不变的涅槃），因而释迦佛在双林间将入涅槃时，发出"常乐我净"的妙音，这是第七阶次。

除此之外，佛教的法门虽然还很多，但归纳起来，都可包括在这七种之内，也就像各种音乐不超出宫、商、角、徵、羽五声，诸子百家之学都包含在六家学派（阴阳家、儒家、墨家、名家、法家、道家）之内一样。

《无量义经》这部佛经的名称，虽说在《妙法莲华经》首卷中曾经看到，但在中国并没有见到其经文内容，每当讲解佛经时，未尝不中断讲说而叹息，希望能看到此经经文。忽而，武当山有一比丘名慧表，他出生于羌族，是伪皇帝姚略的侄子，姚秦灭亡之日，被东晋军何澹之所收留。慧表数岁时就聪明机智，何澹之称他为螟蛉，收为养子。不久放他出家，他便不辞辛苦地访求佛道，游历南北，不畏艰难险阻。

在齐建元三年（公元四八一年），再次访寻搜集奇书秘藏，到达遥远的岭南地区，于广州朝亭寺，遇见中天竺沙门昙摩伽陀耶舍。此人手能书写汉字，口能讲说汉语，想传授《无量义经》，但不知道传授给谁。慧表便殷勤请求，心诚体勤，经历数十日，仅得一本。然后返回岭北，带到武当山。于现今永明三年（公元四八五年）九月十八日顶戴出山，进行弘扬传布。奉览此经文,发自内心地欢欣与礼敬,歌咏不足以颂扬之,手舞不足以表达之,于是虔诚地参访博学善解的高僧,竭尽自己平庸的思维,谨为之序注。

自从最高的教化(佛教)应世诞生以来,就与世俗的教化有差别,神妙的佛道拯救众生,而人们对其称呼和理解有差异。昆仑山以东称为"太一",而罽宾以西则称为"正觉"。东方的中国宣明:积善之人百年之后有喜庆,积恶之人百年之后有祸殃。西域则明辩:喜庆和祸殃取决于前世、今世、后世的因果报应。追求寂静无为和修持空观,其道理是一致的。既然追求无为,不是得到那个"无",那么修习空观,哪里有"空"来洞照呢?然而讲解探究佛教的人,有的主张会通佛理可以渐进,有的主张契入空观必须顿悟。请允许我试作如下议论,以表达深奥的旨趣。

主张渐进的人认为,万物的形成都有渐进的过程,坚硬冰层的出现是以薄霜为基础,高大山丘的形成靠一点一点沙土的累积。修习佛教的人契入空观,虽未达到圆满地步,但如同截木,截去一寸就少一寸,截去一尺就少一尺,逐步达到三空,这难道不是渐进吗?主张顿悟的人认为,希求成善的功夫,莫过于对法性的观照,法性依赖的因缘,是非有非无。忘却思虑于非有非无,玄理与观照一体不二,称为解空。用心于非有非无,所观之理境与能观之智慧分离为二，这还是属于"有"的范围（未达到解空）。在"有"的范围内制伏迷惑，是逐渐消除迷惑的渐进过程；在"空"之上谈论心，未有达到契入理体的功效。至于说一听佛法便成罗汉，果决的断言一朝可得无生法忍，是诱导人们学佛的言论，不是真实的说法。但玄妙的体悟不是渐进的，佛理本来就是如此。

两种主张各持一端，两种意见相互对立，一种是要去掉迷惑，一种是要悟得法性，不知哪一种意见真正符合佛教的义旨。探寻理解佛教义旨的大师，首先应该是支遁（即支道林）和道安。支遁谈论"无生"，认为修到第七地，已开始具足"无生法忍"的智慧，第十地便具足无边功德，七地和十地的功德表现虽不一样，但智慧观照却没有区别。道安对三乘观照的看法是，声闻、缘觉、菩萨三乘是对修行基础的称谓，定、慧是对修行结果的真实记录。这是说开始希求修行时，可随根机不同而采取不同的修行方法，但达到悟解时，其智慧没有差别。《譬喻经》也说："大难已平，就没有三者的差别；邪见外道止息，其教化的作用也随之消失。"这就表明一即是三，没有三种不同的悟解。

竺道生说：通过修习"三十七道品"，可以达到涅槃，但不是罗汉的名称；通过修习"六度"，可以达到佛位，但不是树王的称谓。因此，截木的比喻，是先承认木头的存在，所以一尺一寸地逐步截之；而对"无生"的证悟，是断尽生灭之念，所以其观照必然是顿。按照三乘的名教，都是断除生灭之念，息灭分别认识作用，脱离"有"的领域，契入空寂之境，以此为修行之道，而不能拿有形象的东西来做比喻。

现在的《无量义经》也是以"无相"为本体，如果证悟的境界各有不同，怎能称为"无相"呢？如果说对"无相"的观照是一致的，怎能说是渐进呢？证悟不是渐进的，而又说渐进，这只是作为教化手段而虚设的方便言教罢了。如来也说，空手做拳以哄吓小孩，以此作为引导众生修行的手段。以微妙的文字接引在初级阶段修行的人们，渐进之说或许合理；而进入忘象得意阶段时，顿悟之义是有说服力的。这里姑且举出顿渐的大要，供谈论者自己选择。

25 《大智释论》序

释僧叡

原典

《大智释论》[①]序

释僧叡

夫万有本于生生[②]，而生生者无生；变化兆于物始，而始始者无始。然则无生无始，物之性也。生始不动于性，而万有陈于外，悔吝生于内者，其唯邪思乎！正觉有以见邪思之自起，故《阿含》为之作；知滞有之由惑，故"般若"为之照。然而照本希夷，津涯浩瀚，理超文表，趣绝思境。以言求之，则乖其深；以智测之，则失其旨。二乘所以颠沛于三藏，新学所以曝鳞于龙门[③]者，不其然乎！

是以马鸣起于正法之余，龙树[④]生于像法之末。正余易弘，故直振其遗风，莹拂而已。像末多端，故乃寄迹凡夫[5]，示悟物以渐；又假照龙宫，以朗搜玄之慧；托闻幽秘，以穷微言之妙；尔乃宪章智典，作兹释论。其开夷路也，则令大乘之驾，方轨[6]而直入；其辨实相也，则使妄见之惑，不远而自复。其为论也，初辞拟之，必标众异以尽美矣（卒）；成之终，则举无执以尽善；释所不尽[7]，则立论以明之；论其未辨，则寄折中[8]以定之。使灵篇无难喻之章，千载悟作者之旨，信若人之功矣。

有究摩罗耆婆法师者，少播聪慧之问（闻），长集奇拔之誉，才举则亢标万里[9]，言发则英辩荣枯。常杖兹论焉（为）渊镜，凭高致以明宗。以秦弘始三年，岁次星纪，十二月二十日，自姑臧至长安。秦王虚衿[10]既已蕴在昔见之心，岂徒则悦而已？晤言相对，则淹留终日；研微造尽，则穷年忘倦。又以晤言之功虽深，而恨独得之心不旷；造尽之要虽玄，而惜津梁之势未普。

遂以莫逆之怀，相与弘兼忘之惠，乃集京师义业沙门，命公卿赏契之士五百余人，集于渭滨逍遥园堂，銮舆伫驾于洪涘[11]，禁御[12]息警[13]于林间。躬揽玄章，考正名于胡本；咨通律（津）要，坦夷路于来践。经本既定，乃出此释论[14]。《论》之略本有十万偈，偈有三十二字，并三百二十万言。胡夏既乖，又有烦简之异，三分除二,得此百卷,于《大智》三十万言,玄章婉旨,朗然可见[15]。归途直达,无复惑趣之疑。以文求之,无间然矣。

故天竺传云:"像正之末微马鸣、龙树[16],道学之门,其沦陼溺丧矣。"其故何耶?寔由二未契微[17]邪法用盛,虚言与实教并兴,崄径与夷路争辙。始进者化之而流离,向道者惑之而播越[18]。非二匠,其孰与正之?

是以天竺诸国,为之立庙,宗之若佛,又称而咏之曰:"智慧日已颓,斯人令再曜;世昏寝已久,斯人悟令觉。"若然者,真可谓功格十地,道牟补处者矣。传而称之,不亦宜乎!

注释

① **大智释论**:即《大智度论》,亦译为《摩诃般若释论》,略称《智度论》《智论》《大论》,龙树菩萨造,鸠摩罗什译,一百卷,是解释《摩诃般若波罗蜜经》(即《大品般若》)的论著。此书的注疏有南北朝时释慧影抄撰的《大智度论疏》,但已残佚,仅存卷一、六、十四、十五、十七、二十一、二十四。

② **生生**:生生灭灭、流转不已。

③ **曝鳞于龙门**:古代传说,大鱼集于龙门之下,得上者便成为龙,不得上者即曝鳃于龙门。比喻遭受挫

折、困顿。

④龙树：约二三世纪印度佛教学者，亦译为"龙猛""龙胜"，传说是其母树下生之，以龙成其道，故号曰龙树。据罗什译《龙树菩萨传》及《付法藏因缘传》卷五等载，龙树为南印度人，属婆罗门种姓，自幼天聪奇悟，先博学吠陀、术数、天文、地理、图纬、秘谶，无不悉练，青年时即为著名婆罗门教学者。后与三个挚友相率学隐身术，出入王宫，淫乱宫中美女达百余日，嗣后事败，三友被杀，而龙树仅以幸免，因而体悟"欲为苦本，众祸之根"，遂皈依佛教。先学小乘三藏，后入雪山佛塔从老比丘受大乘经典，因其未得实义而生慢心。于是有大龙菩萨接他入海，在龙宫九十天，读方等深奥经典而悟得实义。后回到南印度大弘佛法，摧破外道，并使南天竺王放弃婆罗门教信仰，皈依佛教。著作甚多，有"千部论主"之称，主要有《中论》《十二门论》《大智度论》《十住毗婆沙论》《七十空性论》《菩提资粮论》《宝行王正论》等。

⑤寄迹凡夫：指佛法托寄于龙树。下文即指龙树的行迹。

⑥方轨：两车并列而行。

⑦释所不尽：对《般若经》的解释，不能完全穷尽义理时。

⑧ **折中**：综合比较，去其偏颇而取其不偏不倚之中，亦即僧叡在《中论序》中所说的"折之以中道"（大正五十五·页七十六下）之义。

⑨ **亢标万里**：高标万里。见识高远、人品高尚，超出一般人。

⑩ **虚衿**：虚襟、虚心，谓谦虚而不固执高傲也。

⑪ **浽**：水边。

⑫ **禁御**：京城里帝王的防卫军队。

⑬ **息警**：解除戒备。

⑭ **释论**：据《大智论记》（大正五十五·页七十五中）云，姚秦（编按：即后秦）弘始四年（公元四〇二年）夏，于逍遥园中、西门阁上翻译此《论》，弘始七年十二月二十七日乃讫。

⑮ **朗然可见**：据《大智论记》云，只有解释《般若经》初品的《大智度论》初品三十四卷是全译，二品以下，罗什法师加以删略，只取其要，能阐释经文大意即可，不再全译广释。但亦有一百卷，如果全部译出，将十倍于此。

⑯ **微马鸣、龙树**：微，隐而未显。微马鸣、龙树，即马鸣、龙树未出世弘道（编按：微，即无，没有）。

⑰ **契微**：契入微妙佛法。

⑱ **播越**：离散、流亡。

译文

　　一切事物都是生灭不已的，而生灭不已的本原是无生无灭的；一切事物的变化都有它的开始，而引起开始的本体是无始无终的。那么，无生无灭、无始无终是事物的本性。事物的生灭变化不改变无生无始的本性，然而万物呈现于外，悔恨烦恼产生于心内，这就是邪思吧！佛正是看到了邪思产生的根源，所以有《阿含经》的创作；正是了知执着万物是由于惑见，所以宣说般若智慧，以观照万物皆空。然而般若观照本身是无形无相而又浩瀚无际的真理，非语言所能表达，其归趣超出思虑的范围。从语言中寻求它（般若），就背离了它的深奥；用智慧来测度它，则失去了它的义旨。声闻、缘觉二乘之所以辛勤修习于经、律、论三藏，初学佛教的人之所以受挫于佛法之门，不就是这个缘故吗？

　　因此，在"正法"的后期出现了马鸣菩萨，在"像法"的末期诞生了龙树菩萨。在"正法"末期，容易弘扬佛法，所以直接重振佛陀的遗风，加以磨炼就可以了。"像法"末期，学术多端，所以要寄托于凡夫的行迹，显示觉悟须循序渐进；又借以引入龙宫，以光大他的玄思智慧；通过阅览大乘深经，而通达经文的妙义；然后深解义理，作了《大智度论》。龙树开辟的平坦大道，使佛教的大车畅行直入；他辩明诸法实相，使迷惑的妄见不再继续背离佛教,而自觉地归向佛教。《大智度论》的论说特点是,先举出对法相的各种不同的解释,以此为尽美;然后宣说无分别执着,以此为尽善;解释有不到的地方,则立论说明;立论不能辩明的,则依据中道观来确定。从而使《大智度论》没有不明白的篇章,世代都能领悟作者的意旨,信服此人的功绩。

有一个名叫鸠摩罗什的法师,少年时就以聪慧闻名,长大后更是出类拔萃,才能一表现,就显得见解非凡;言论一发表,就使是非好坏分明。时常依据《大智度论》作为深远明镜,按照其高妙旨趣来究明佛理。在后秦弘始三年(公元四〇一年),此年为辛丑年十二月二十日,从姑臧来到长安。后秦王姚兴虚心礼士,心中早有相见之意,哪里仅仅是出自一时的高兴呢?见面相互交谈所悟,一谈就是整整一天;研讨微言,穷尽奥义,穷年累月也不觉疲倦。又因各自的领悟虽深,而恨有此领悟之心的人不多;穷尽奥义虽然玄妙,而可惜途径不够广大。

因而二人以莫逆的心怀,共同弘扬物我双忘的智慧,于是召集京城研习佛教义理的僧人,令王公大臣中,赞赏信奉佛教之士五百余人,聚集于渭水之滨的逍遥园大厅,姚兴的銮舆停于渭水岸边,禁军驻扎于树林间。姚兴亲自觉阅佛教经典,按照梵文本考察订正经典名称，商讨翻译的方法要领，为后来者铺平道路。需要翻译的经典确定之后，乃翻译这部《大智度论》。《大智度论》的略本有十万偈，每偈三十二字，合计三百二十万字。梵文和汉文不一样，而且有烦琐与简略的差异，删节三分之二，得到现在的《大智度论》一百卷，计三十万字，玄妙的篇章、美好的义旨一目了然。直接显示佛教的宗旨，不再有疑惑之处，考察其文，没有一点纰漏。

所以印度传说，在正法和像法末期，如果没有马鸣、龙树出现，佛教的法门，恐怕就要沉沦了。其原因何在呢？这实是因为马鸣、龙树二人未传扬佛道时，外道邪法盛行，虚假的言论与真实的说教兴起，危险的邪门外道与佛教的平坦大道争夺道路。开始修习佛教的人受此邪法的诱导而偏离佛教，准备皈依佛教的人受外道的迷惑而离开佛教。如果没有马鸣、龙树这两大宗匠，谁来摧破外道邪说，端正视听呢？

因此印度各国为他们二人建立庙宇，像对待佛陀一样崇敬他们，又称赞歌颂他们说："智慧的太阳已衰落，此二人使之重放光芒；世人沉睡已长久，此二人使之觉醒。"如果是这样的话，那么真可以说，此二人的功德达于十地，道行合于补处菩萨了。对他们的传颂不是理所当然的吗？

26 《中论》序第一

释僧叡

原典

《中论》①序第一

释僧叡

《中论》有五百偈，龙树菩萨之所造也。以中为名者，昭其实也；以论为称者，尽其言也。实非名不悟，故寄中以宣之；言非释不尽，故假论以明之。其实既宣，其言既明，于菩萨之行，道场②之照，朗然悬解矣。

夫滞惑生于倒见，三界以之而沦溺；偏悟起于厌智，耿介以之而致乖。故知大觉在乎旷照，小智缠乎隘心。照之不旷，则不足以夷有无一道俗③；知之不尽，则未可以涉中途泯二际④。道俗之不夷，二际之不泯，菩萨之忧也。是以龙树大士，折之以中道⑤，使惑趣之徒，望玄指而一变；恬之以即化，令玄悟之宾，丧咨询于朝彻⑥。荡荡焉，真可谓理夷路于冲阶，敞玄门于宇内，扇慧风于陈槁，流甘露于枯悴者矣。

夫百梁之构兴，则鄙茅茨⑦之侧陋⑧；睹斯论之宏旷，则知偏悟之鄙倍⑨。幸哉！此区区赤县，忽得移灵鹫以作镇；险诐之边情，乃蒙流光之余惠。而今而后，谈道之贤，始可与论实矣。云天竺诸国，敢豫学者之流，无不玩味斯论，以为喉衿。其染翰申释者，其亦不少。所出者，是天竺梵志⑩，名宾罗伽，秦言青目之所释也。其人虽信解深法，而辞不雅中。其中乖阙烦重者，法师皆裁而裨之，于经通之理尽矣。文或左右，未尽善也。

《百论》⑪治外以闲邪，斯文祛内以流滞，《大智释论》之渊博，《十二门观》⑫之情（精）诣。寻斯四者，真若日月入怀，无不朗然鉴彻矣。予玩之味之，不能释手，遂复忘其鄙拙，托悟怀于一序，并目品义，题之于首，岂期能释耶，盖是欣自同之怀耳！

注释

①《中论》：全称《中观论》，龙树著。内容主要讲缘起性空、八不中道和实相涅槃。旧传在罗什时就有

七十多家注释，罗什认为青目的注较好，一同译出，共四卷、二十七品，号称五百颂，实际四四六颂。著名注释书还有：印度清辨注，唐波罗颇蜜多罗译《般若灯论释》十五卷；印度安慧注，宋惟净等译《大乘中观释论》十八卷；佛护之《根本中论注》；月称之《中论颂》；龙树之《无畏论》二千一百偈（此注释是否为龙树亲撰，犹为当今学界之疑案）；中国的注释有隋吉藏的《中论疏》（亦称《中观论疏》）十卷，是对罗什译《中论》的详细论释。

② **道场**：原意为释迦佛成道之处，后把修习佛道或修成佛道之处都称为道场。

③ **一道俗**：将佛教的道理（即"真谛"）与世俗的道理（即"俗谛"）统一起来。《中论·观四谛品》说："若不依俗谛，不得第一义；不得第一义，则不得涅槃。""第一义"即"真谛"。认为真谛讲的"空"和俗谛讲的"有"是不可分割的，"空"不在"有"之外。

④ **二际**：即生死际与涅槃际。小乘佛教认为生死与涅槃是对立的。大乘中道观认为二者是统一的。因为生死与涅槃二者的本性皆空，故无差别，生死即涅槃。《中论·观涅槃品》云："涅槃与世间，无有少分别；世间与涅槃，亦无少分别。涅槃之实际，及与世间际，如是二际者，无毫厘差别。"（大正三十·页三十六上）

⑤ **中道**：以缘起法为基础，不落于有无、生灭、常断等对立之两边的观点、方法。《中论·观四谛品》云："众因缘生法，我说即是空，亦为是假名，亦是中道义。"（大正三十·页三十三中）《观因缘品》云："不生亦不灭，不常亦不断，不一亦不异，不来亦不出。"（大正三十·页一中）此"八不"，后被称为"八不中道"。

⑥ **朝彻**：语出《庄子·大宗师》："朝彻而后能见独。"意谓修持达到一定阶段，便一朝之间豁然大悟，悟到常人所不能见的境界。

⑦ **茅茨**：茅草盖的屋顶。

⑧ **侧陋**：歪斜矮小、窄狭而简陋。

⑨ **倍**：通"背"。背离佛理。

⑩ **梵志**：梵，义为"清净""寂静""离欲"。志，即立志。梵志，即立志求清净道者。

⑪ **《百论》**：详见《百论·序》注。

⑫ **《十二门观》**：即《十二门论》，详见《十二门论·序》注。

译文

《中论》有五百偈，是龙树菩萨所作的。以"中"为名称，是昭示它的实际义理；以"论"为称谓，是表示对其名言的解释。实际义理不用名词表达，就不能使人们领悟，所以借"中"这个名词来表达；名言不加解释，就不能使人明白，所以通过"论"来加以说明。实际义理既已表达，学说既已说明，对于菩萨的修行、成就佛道的认识，就能得到清楚玄妙的理解了。

疑滞迷惑产生于颠倒的见解，由此而在三界中沉溺流转；偏颇的见解起因于厌恶智慧，固执者因此而背离佛教。由此而知，最大的觉悟在于深远地观照，而小智则被狭隘的认识所束缚。如果没有深远地观照，则不足以消融有与无的差别，统一佛道与世俗；如果不断尽狭隘的认识，则不能够契入中道，泯除生死与涅槃的分别。佛道与世俗的对立不消除，生死与涅槃的分别不泯灭，是菩萨的忧虑。因此龙树菩萨提出破除两边的"中道"，使迷惑于偏见的人，看到玄妙的旨趣而改变原来的见解；以虚寂恬淡为教化，使悟解能力强的人，不须咨询而一朝之间达到彻悟。宏大呀！真可以说指出了通向虚寂境界的平坦大道，敞开了宇宙间的玄妙之门，把智慧之风吹向缺乏智慧的世间，把甘露撒向枯竭憔悴的人们。

兴建有百根柱梁的宽广房舍，就鄙视茅草盖的简陋小棚；看到《中论》的宏大，就知道偏颇之见的鄙陋悖理。幸运的是，小小的中国忽然间成为佛法流布的重要之地；边远之地的有情众生，蒙受佛教光辉的余惠。从今而后，讲论佛道的贤者，可以开始论说诸法实相了。据传印度诸国敢于成为佛教学者的人，无不研习玩味这部论书，作为要领。其中执笔为这部论书作注释的人也不少。现在所译出的，是印度一位名叫"宾罗伽"的学者，汉语称为"青目"的人所注释的。此人虽然信奉并理解这部论书的深奥佛法，但言辞不够典雅和切中义理。对于其中的背离、缺漏、烦琐、重复之处，罗什法师均加以修正删补，使经中义理得以畅达。但文辞或许有偏颇之处，未达到尽善尽美的程度。

《百论》是从外部防止人们的邪恶言行，《中论》是从内心去掉人的思想愚痴，《大智度论》渊博，《十二门论》精到。探寻这四论，真好像日月之光照亮了胸怀，使人恍然大悟，如同明镜般彻见一切。我研习玩味这部论书，不能放手，于是忘了自己的愚钝笨拙，为此书作序，记下自己的心得感受，以及书名的含义，放在此书的卷首，哪敢说是解释呢，只是自我欣赏罢了！

27 《中论》序第二

释昙影

原典

《中论》序第二

释昙影[①]

夫万化非无宗，而宗之者无相；虚宗非无契，而契之者无心。故至人以无心之妙慧，而契彼无相之虚宗，内外并冥，缘智俱寂，岂容名数于其间哉！但以悕玄[②]之质，趣必有由，非名无以领数，非数无以拟宗，故遂设名而名之，立数而辩之。然则名数之生，生于累者，可以造极而非其极。苟曰非极，复何常之有耶？是故如来始逮真觉，应物接粗，启之以有，后为大乘，乃说空法。

化适当时，所悟不二。流至末叶，象教之中，人根肤浅，道识不明，遂废鱼守筌，存指忘月。睹空教，便谓罪福俱泯；闻相说，则谓之为真。是使有无交兴，生灭迭争，断常诸边，纷然竞起。

时有大士，厥号龙树，爰托海宫，逮无生忍，意在傍宗，载隆遗教，故作论以折中。其立论意也，则无言不穷，无法不尽，然统其要归，则会通二谛。

以真谛故无有，俗谛故无无。真故无有，则虽无而有；俗故无无，则虽有而无。虽有而无，则不累于有；虽无而有，则不滞于无。不滞于无，则断灭见息；不存于有，则常等冰消。寂此诸边，故名曰"中"。问答析微，所以为"论"，是作者之大意也。亦云"中观"，直以"观"辩于心，"论"宣于口耳。

（罗什法师以秦弘始十一年，于大寺出。）

注释

① **释昙影**：《高僧传》卷六（编按：参考大正五十·页三六四上）记：释昙影，不知何许郡县人，性虚靖，不甚交游，能讲《正法华经》及《光赞般若》，后入关中，姚兴大加礼接，及罗什入长安后，助罗什译经。著《法华义疏》四卷，并注《中论》。后来栖隐于山林，晋义熙中卒，春秋七十。

② **悕玄**：希求玄妙之理。

译文

千变万化的事物无不有其宗极,这个宗极就是虚寂的"无相";无相的宗极可以契入,而契入宗极的是"无心"。所以具有极高修养的人,以"无心"这一玄妙的智慧,与虚寂无相的宗极相契合,内心的思想活动与外部的事相一同消融,认识对象与认识一同寂灭,哪有名相法数在其中呢?只是因为希求玄理,要达到目的,必须有其途径和方法,若没有名相就不能领会法数,没有法数就无从把握宗极,因此制定名相以表达法数,建立法数以辩明宗极。那么,名相法数的产生,本身是一种系累,它是达到宗极的途径方法,而不是宗极本身。既然不是宗极,又怎么能恒常存在呢?所以如来达到觉悟之后,起初应众生需要而接引教化时,运用名相法数进行启发开导,后来建立大乘佛法,乃宣说一切皆空的道理。

教化适应于当时的需要,所要启悟的境界没有两样。但佛法流传到后期的像法时代,人们的智能肤浅,对佛道的认识不明确,于是抛弃鱼(佛道义理)而守着捕鱼的筌(名相法数),只注意手指(名相法数)而忘掉月亮(佛道义理)。看到一切皆空的言教,就认为罪与福都消失了;听到名相的言说,就认为是真实的。这就产生了有与无、生与灭、断与常等各执一边的争论。

　　这时有个大学问家，名叫龙树，在龙宫研览大乘深经，达到了无生的境界，用意在于依借宗极来传布和弘扬如来留下的教导，所以作此论书以显示中道。其立论的意义，穷尽了一切语言和道理，然而统贯全书的要领和指归，是会通真俗二谛。

　　从真谛看，事物毕竟空寂（无有）；从俗谛看，事物是存在的（无无）。因为是真谛，所以为空寂，虽然空寂，但是真实的；因为是俗谛，所以有虚假的存在，虽然有虚假的存在，但其本质毕竟空寂。虽然存在，而本质是虚寂，所以虚寂不妨碍存在之有；虽然本质虚寂，而有其假相存在，所以假相的存在不妨碍本质虚寂。不偏执于虚寂之无，就止息了断灭之边见；不偏执于假相之有，则常有之见解就会消失。破除了有和无、常与断等偏见，所以称为"中"。一问一答，辨析精微，所以称为"论"，这是撰此论书的大意。此书亦称为"中观"，"观"表示内心观照，"论"表示以口论说。

　　〔鸠摩罗什法师于弘始十一年（公元四〇九年），在长安大寺译出〕

28 《百论》序

释僧肇

原典

《百论》[①]序

释僧肇

《百论》者,盖是通圣心之津涂,开真谛之要论也。佛泥洹后八百余年,有出家大士,厥名提婆[②],玄心独悟,俊气高朗,道映当时,神超世表。故能辟三藏之重关,坦十二之幽路。擅步迦夷[③],为法城堑。

于时外道纷然,异端竞起,邪辩逼真,殆乱正道。乃仰慨圣教之陵迟,俯悼群迷之纵惑,将远拯沉沦,故作斯论。所以防正闲邪,大明于宗极者矣。是以正化以之而隆,邪道以之而替。非夫领括众妙,孰能若斯?

论有百偈,故以百为名。理致渊玄,统群籍之要;

文义婉约，穷制作之美。然至趣幽简，少得其门。

有婆薮④开士者，明慧内融，妙思奇拔，远契玄踪⑤，为之训释，使沉隐之义，彰于微⑥翰，讽味宣流，被于来叶。文藻焕然，宗涂易晓。其为论也，言而无当；破而无执；傥然⑦靡据，而事不失真；萧焉无寄，而理自玄会；返本之道，著乎兹矣。

有天竺沙门鸠摩罗什，器量渊弘，俊神超邈，钻仰⑧累年，转不可测。常味咏斯论，以为心要。先虽亲译，而方言未融，致令思寻者踌躇于谬文，标位者，乖迕于归致。大秦司隶校尉、安城侯姚嵩，风韵清舒，冲心简胜，博涉内外，理思兼通。少好大道，长而弥笃，虽复形羁时务，而法言不辍，每抚兹文，所慨良多。以弘始六年，岁次寿星，集理味沙门，与什考校正本，陶练⑨复疏，务存论旨，使质而不野，简而必诣，宗致划尔，无间然矣。

《论》凡二十品，品各五十偈（五偈）。后十品⑩，其人以为无益此土，故阙而不传。冀明识君子，详而览焉。

注释

①《**百论**》：因此论凡有一百偈，故名。印度提婆著，世亲释，姚秦时鸠摩罗什译。内容主要驳斥印度古代哲学流派数论、胜论的观点，论证世界万有毕竟空

之理。中土注释很多，著名的有隋吉藏的《百论疏》三卷。

②**提婆**：意谓"天""圣天"，龙树的弟子、大乘中观学派的创始人之一。据本传载，提婆为南印度人，婆罗门种姓，"博识渊览，才辩绝伦"，远近知名。后从龙树出家为僧，以智辩著称，常与外道辩论，后被一婆罗门杀害。著有《百论》《四百论》发挥龙树的中观思想。

③**迦夷**：迦毗罗卫国的略称，是释迦的出生国。

④**婆薮**：约四、五世纪印度佛教学者，全译为"婆薮槃豆"或"伐苏畔度"，意译为"世亲"或"天亲"。据《婆薮槃豆法师传》载，婆薮为北印度富娄沙富罗国人，先依说一切有部出家，尤精于《阿毗达磨大毗婆沙论》，吸收经量部思想，编成《阿毗达磨俱舍论》。后从其兄无著的劝说，改学大乘教义，广著大乘论书，解释《华严经》《大涅槃经》《法华经》《般若经》等大乘经，并著书详论瑜伽行派理论。主要著有《大乘庄严经论释》《辩中边论》《金刚经论释》《十地经论》《净土论》《唯识二十论》《唯识三十颂》《摄大乘论释》《大乘百法明门论》《大乘五蕴论》《佛性论》等。

⑤**玄踪**：指佛教的轨迹。

⑥**微**：美妙之义。

⑦**傥然**：恍惚不定的样子。

⑧ **钻仰**：钻研和仰望。语出《论语·子罕》"仰之弥高，钻之弥坚"，意谓越仰望越觉得高远，越钻研越觉得深奥。

⑨ **陶练**：陶冶、精炼。

⑩ **十品**：所译十品为：《舍罪福品第一》《破神品第二》《破一品第三》《破异品第四》《破情品第五》《破尘品第六》《破因中有果品第七》《破因中无果品第八》《破常品第九》《破空品第十》。

译文

《百论》是通向佛心的途径，是开示真理的要论。佛涅槃后八百余年，有一位出家的大学问家，名叫提婆，玄妙之心独有所悟，才气高迈，思路清晰，其思想理论影响当代，精神超世拔俗。所以能打开经、律、论三藏的大门，开通十二部经的深远道路。独步于佛国，成为佛法的捍卫者。

当时各种外道纷纷出现，异端竞相兴起，邪说貌似真理，几乎搅乱了真正的佛教。提婆仰而感慨佛教即将衰落，俯而怜悯迷惘的众生更加迷惑，为了永远拯救众生的沉沦，所以撰写了这部《百论》。目的是捍卫佛教正道，禁止外道邪说，使佛教的宗旨大明于天下。因此佛教真理的教化由此而隆盛，外道邪说由此而衰落。如果不是融会贯通了各种妙理，又怎能如此呢？

此部论书有一百偈，所以称为《百论》。义理深奥玄远，统摄了各种经典的要旨；文意委婉简约，穷尽了撰述的优美。但由于其旨趣深奥简要，所以很少人能入其门。

有一位名叫世亲的菩萨，内心聪慧明达，运思奇妙超群，契合久远的佛教玄理，对《百论》进行注释，使其蕴藏的义旨，彰显在优美的笔下，使后世人们讽诵玩味宣说流传。文辞鲜明了然，宗旨归趣易于了解。其论说的特点是，虽言说而不滞于言说；破除边见而无偏执；似乎恍惚无据，而又不失其真实；寂然无所依归，而义理自然会通；去迷返悟的道理，在这里显著地表现出来。

有一印度僧人，名鸠摩罗什，才识渊博，心胸广大，非凡的精神超脱高远，我瞻仰钻研他多年，愈觉不可测度。他经常玩味咏诵此《百论》，作为心要。先前虽然亲自翻译过此论，但由于未能与中土语言融会贯通，从而使研讨它的人，徘徊在错误的译文面前，标立宗旨的人，背离了它的归趣。姚秦司隶校尉、安城侯姚嵩，风度清雅落落大方，虚心恬淡为胜，广泛涉猎佛教内外书籍，义理和思想俱通。幼年时就喜欢佛道，长大后更加虔诚，虽然身体为日常事物所牵绊，而从未停止对佛教的研习，每次手抚此论，感慨良多。在弘始六年（公元四〇四年），即甲辰年，召集研习佛教义理的僧人，与鸠摩罗什法师一同考核校订正本，反复锤炼疏解，务必保存《百论》的本来义旨，使其译文质朴而不粗野，简要而通达，宗旨明了而无偏离。

《百论》凡二十品，每品五偈。后十品，译者认为于中土无益，所以缺而不译传。希望有见识的人们详细阅览之。

29 《十二门论》序

释僧叡

原典

《十二门论》①序

释僧叡

　　《十二门论》者，盖是实相之折中，道场之要轨也。"十二门"者，总众枝之大数也。"门"者，开通无滞之称也。"论"之者，欲以穷其源、尽其理也。若一理之不尽，则众异纷然，有惑趣之乖；一源之不穷，则众涂扶疏，有殊致之迹。殊致之不夷，乖趣之不泯，大士之忧也。

　　是以龙树菩萨开出者之由路，作《十二门》以正之。正之以十二，则有无兼畅②，事无不尽。事尽于有无，则忘功于造化③。理极于虚位④，则丧我于二际。然则丧我在乎落筌，筌忘存乎遗寄。筌我兼忘，始可以几乎实矣。几乎实矣,则虚实两冥,得失无际⑤。冥而无际,则能忘造次于两玄⑥,泯颠沛于一致,整归驾于道场,毕趣心于佛地。

恢恢焉,真可谓运虚刃于无间,奏希声于宇内,济溺丧于玄津,出有无于域外⑦者矣。遇哉!后之学者,夷路既坦,幽涂既开,真得振和銮⑧于北冥⑨,驰白牛⑩以南回,悟大觉于梦境,即百化以安归。夫如是者,焉复知曜灵之方盛,玄陆⑪之未希也哉!

叡以鄙倍之浅识,犹敢明诚虚开,希怀宗极,庶日用之有宜,冀岁计之能殖,况才之美者乎!不胜敬仰之至,敢以钝辞短思,序而申之,并目品义,题之于首,岂其能益也?庶以此心,开自进之路耳。

(罗什法师以秦弘始十一年,于大寺出之。)

注释

①《**十二门论**》:印度龙树菩萨造,鸠摩罗什译,一卷。十二门分别为:《观因缘门第一》《观有果无果门第二》《观缘门第三》《观相门第四》《观有相无相门第五》《观一异门第六》《观有无门第七》《观性门第八》《观因果门第九》《观作门第十》《观三时门第十一》《观生门第十二》。

② **有无兼畅**:有无贯通,相即不离,有无的本质

皆是虚寂。《观有无门第七》云："有无一时无,离无有亦无;不离无有有,有则应常无。"

③ **忘功于造化**:意谓以有无不离、有无皆空的观点统观一切事物,就会打消有个终极造化者的观念。

④ **理极于虚位**:直译为把至理放在虚寂的位置,意谓把至理与虚寂统一起来。

⑤ **无际**:没有分别、分际。即不计较得与失的区别。

⑥ **两玄**:玄之又玄的境界。

⑦ **域外**:计较有无得失的世俗见解之外,即佛教的见解之内。

⑧ **和銮**:帝王车上的铃,这里指佛教的法音。

⑨ **北冥**:北海。语出《庄子·逍遥游》:"北冥有鱼,其名为鲲……化而为鸟,其名为鹏……海运则将徙于南冥。"此谓鲲从北海出发,经过变化而归向南海。

⑩ **白牛**:即白牛车,譬喻菩萨乘。佛教以羊车喻声闻乘,以鹿车喻缘觉乘,以白牛车喻菩萨乘,以说明三乘法力大小的差别。《法华经·譬喻品》说白牛车为"其车高广,众宝庄校……驾以白牛,肤色充洁,形体姝好,有大筋力,行步平正,其疾如风"。这两句序文的意思是说,人们以闻佛教法音为开始,以成就菩萨乘为归宿。

⑪ **陆**:道路。

译文

　　《十二门论》是实相学说的综合，是修习佛道的重要途径和规范。"十二门"是对众多法门的大体概括。"门"是对开通无滞碍的称谓。"论"是希望穷其本源、究其义理的意思。如果有一理没有究明，就会产生各种歧解，出现迷惑旨趣的误解；如果有一本源没有穷尽，则各种道路和方法杂呈，各自走向不同的方向，背离佛教的修行之道。不同的趣向不消除，迷惑旨趣的误解不泯灭，是菩萨们的忧虑。

　　因此龙树菩萨开启出离歧解的道路，作《十二门论》以正本清源。以"十二门"来正本清源，就使有与无相互融通，并贯通于一切事物。有与无贯通于一切事物，就会对造化无所执着。以至理为虚寂，就会在生死与涅槃二际中忘掉自我。然而，忘掉自我在于放弃一切语言名相，放弃语言名相在于舍弃一切希望和寄托。语言名相和自我同时忘却，方开始接近于实相。接近于实相，则泯灭虚与实的差异，消除得与失的分别。消除对得与失的分别，就能在玄之又玄中忘掉匆忙奔波，在得失一体中忘却颠沛流离，调整自我，使之归向佛道的修行，使思想完全归于佛地。

　　多么恢宏广大呀！真可以说在无间隙中运作玄虚的

佛法，在宇宙间演奏稀有的音乐，把沉溺在苦海中的人们救济到解脱之道上来，使人们摆脱有与无的束缚而到达超越有与无的领域。幸运呀！后来参学的人们，坦直的大道已铺平。深幽的通道已打开，真正是获得震动佛法的铃声于北海，驾白牛车归于南方，从梦境中觉醒，使殊途百虑而达到返本归源。既然如此，又怎知道显示灵光方盛，而玄妙的道路不能希求呢？

僧叡我才识极为浅薄低下，尚敢于坦诚地敞开心胸，希望体得宗极，有益于日常修持，并希望随着岁月延续而增长，更何况才智杰出的人呢？由于对《十二门论》无比敬仰，故敢以笨拙的言辞、短浅的思想，为此论作序，申述其意义，并与此论名称的含义一同题于卷首，怎敢说有什么增益呢？只是以这种心情，开启自我精进的道路罢了！

〔鸠摩罗什法师于姚秦弘始十一年（公元四〇九年），于大寺译出此论〕

30 《比丘尼戒本所出本末》序

未详作者

原典

　　拘夷国寺甚多，修饰至丽。王宫雕镂，立佛形像，与寺无异。有寺名达慕蓝①（百七十僧），北山寺名致隶蓝（五十僧），剑慕王新蓝（六十僧），温宿王蓝（七十僧）。

　　右四寺，佛图舌弥所统，寺僧皆三月一易屋床座，或易蓝者。未满五腊②，一宿不得无依止③。王新僧伽蓝（九十僧，有年少沙门，字鸠摩罗，才大高明，大乘学。与舌弥是师徒，而舌弥《阿含》学者也），阿丽蓝（百八十比丘尼），输若干蓝（五十比丘尼），阿丽跋蓝（三十尼道）。

　　右三寺，比丘尼统依舌弥受法戒。比丘尼，外国法，不得独立也。此三寺尼，多是葱岭④以东王侯妇女，为道远集斯寺。用法自整，大有检制，亦三月一易房或易寺。出行，非大尼三人不行。多持五百戒。亦无师一宿者，辄弹之。今所出《比丘尼大戒》本，此寺常所用者也。舌弥乃不肯令此戒来东，僧纯等求之至勤，每嗟此后出，法整，唯之斯戒。末乃得之⑤。

其解色以息淫，不在止冶容⑥也。不欲以止窃，不在谨封藏⑦也。解色则无情于外形，何计饰容与不饰乎？不欲则无心于珠玉，何须慢藏与缄縢⑧乎？所谓无关而不可开，无约而不可解也。内揵⑨既尔，外又毁容粗服，进退中规，非法不视，非食不餐，形如朽柱，心若潦（湿）灰，斯戒之谓也。岂非圣人善救人，故无弃人也哉！

然女人之心，弱而多放。佛达其微，防之宜密，是故立戒，每倍于男也。大法流此五百余年，《比丘尼大戒》了于其文。以此推之，外国道士，亦难斯人也。法汰⑩顷年鄙当世为人师，处一大域而坐视，令无一部僧法，推求出之，竟不能具。

吾昔得《大露精比丘尼戒》，而错得其药方一枾⑪，持之自随二十余年，无人传译。近欲参出，殊非尼戒，方知不相开通至于此也。赖僧纯于拘夷国来，得此戒本。令佛念、昙摩持（侍）、慧常传⑫，始得具斯一部法矣。然弘之由人，不知斯人等能尊行之耳。

（此戒文与今戒往往不同，尼众学犹作尸叉吉利。）

注释

① 蓝：即伽蓝，僧伽蓝摩的略称。义为僧众的园林，一般为国王或大富长者布施房舍，以供各处僧众居住。

② 腊：即法腊，指僧人出家受戒后的年数。

③ 依止：依从止住于有德之处。按佛教戒律规定，佛教徒要求出家，可以到寺院向一名比丘（或比丘尼）请求作为自己的"依止师"。"依止师"近似于教养人。

④ 葱岭：古代对帕米尔高原和昆仑山、天山西段的统称。汉代属西域管辖，唐代属西安统辖。

⑤ 末乃得之：据僧祐在本卷所收《并杂事共卷前中后三记》载，秦建元十五年（公元三七九年）十一月五日，比丘僧纯、昙充，从龟兹国高德沙门佛图舌弥，得此《比丘尼大戒》本。

⑥ 冶容：艳丽的容貌。

⑦ 谨封藏：小心谨慎地封存密藏起来。

⑧ 缄縢：紧紧地捆起来或封闭起来。

⑨ 揵：固持、坚固义。

⑩ 法汰：竺法汰。据《高僧传》卷五载，竺法汰，东莞（山东沂水）人。少年时与道安同学，同师佛图澄。因避难与道安分手，弘教江南，住建康（江苏南京）瓦官寺。讲《放光般若经》，持"本无义"。时沙门

道恒常执"心无义",法汰斥之为邪说,乃集名僧辩难,"心无义"因此而息。晋太元十二年(公元三八七年)卒,终年六十八岁。

⑪柙:同箧。

⑫令佛念、昙摩持(侍)、慧常传:据僧祐在本卷所收的《并杂事共卷前中后三记》载:《比丘尼大戒》于公元三七九年十一月十一日,在长安出之,其月二十六日完毕,昙摩侍传,佛念执胡本,慧常笔受。

译文

拘夷国的佛教寺院很多,修建装饰得非常华丽。国王宫殿雕刻、设立的佛像,与寺院没有差别。有寺院名达慕蓝(住一百七十僧人),北山寺名致隶蓝(住五十僧人),剑慕王新蓝(住六十僧人),温宿王蓝(住七十僧人)。

上述四所寺院皆由佛图舌弥管理,寺院的僧人每三个月更换一次房间、床铺和座位,或者是换到别的寺院去。出家受戒未足五年者,每宿须依止安住于有德的道场中。王新僧伽蓝(住九十僧人,其中有一青年僧人,名鸠摩罗什,才智高明,修习大乘佛教。他与佛图舌弥是师徒,而佛图舌弥是修习《阿含》的学者),阿丽蓝

（住一百八十名比丘尼），输若干蓝（住五十名比丘尼），阿丽跋蓝（住三十名比丘尼）。

　　上述三个寺院中的比丘尼，都是依佛图舌弥受戒。依照佛制，比丘尼不能单独一人生活。这三个寺院的比丘尼，大多是葱岭以东王侯的妇女，为了修道而从远方集中到这里的。她们用佛法整肃自己，行为检点有规制，也是三个月更换一次房间或寺院。外出行走，必须与三位年长的比丘尼同行，否则不能外出。她们大都是修持五百戒法。若无依止师而自行投宿者，则立即受到斥责。现在译出的《比丘尼大戒》本，就是这里的寺院所修持的。起初，佛图舌弥还不肯让此戒律传到东土来，由于僧纯等人的多次恳求，常常叹息此戒律传出太晚，唯有此戒律译出，佛法才算完整。最后方得到此戒本。

　　此戒本是通过对形色的解析，达到止息淫欲的目的，而不在于消除艳丽美色。通过熄灭欲望以防止盗窃行为，而不在于把财货严密收藏起来。解析形色，就不会对娇颜美色产生情欲，还计较什么打扮得漂亮不漂亮呢？没有欲望，就不会对珠宝产生贪恋之心，还在乎什么密藏或不密藏呢？这就是没有开关，也就没有所谓的开关可开；心中没有约束，也就没有所谓的约束可解除。内心既已坚固，外部又不打扮，穿粗布麻衣，进退都合乎规范，不合乎佛法的不看，不是吃饭的时间不进餐，形体如同枯朽的柱子，心如冷灰，这就是所谓"戒"。这难道不是圣人善于救助众生，所以不抛弃任何一个人的表现吗？

然而女人的心，柔弱而多放逸。佛陀知道女人的这种细微的特征，防范也应该细密，所以设立的戒条，往往是男人戒条的数倍。佛法流传到此地已五百余年，才了解《比丘尼大戒》的条文。以此推理，在外国僧人中，亦难得弘扬此戒本的人。法汰法师当年鄙视当世为人之师者，坐视广阔中土没有一部僧尼戒法，搜寻传译，结果也不完整。

我从前得到《大露精比丘尼戒》，而误得其药方一箧，随身携带二十余年，没有人传译。最近检查译出，完全不是比丘尼戒，方知闭塞到如此地步。靠僧纯从拘夷国带来《比丘尼大戒》本，令竺佛念、昙摩侍、慧常译传，才得到此一部津法。然而佛法要靠人来弘扬，而不知这些人能否遵照修行。

（此戒文与现今的戒文往往不同，尼众学犹作尸叉吉利。）

31 《比丘大戒》序

释道安

原典

世尊立教，法有三焉，一者戒律也，二所（者）禅定也，三者智慧也。斯三者，至道之由户，泥洹之关要也。戒者，断三恶①之干将也；禅者，绝分散之利器也；慧者，齐药病②之妙医也。具此三者，于取道乎何有也夫？

然用之有次。在家出家，莫不始戒以为基趾③也。何者？（戒）虽检形，形乃百行舟舆也。须臾不矜不庄④，则伤戒之心入矣。伤戒之心入，而后欲求不入三恶道，未所前闻也。故如来举为三藏之首也。外国重律，每寺立持律，月月相率说戒。说戒之日，终夜达晓，讽乎切教，以相维摄。犯律必弹，如鹰隼⑤之逐鸟雀也。大法东流，其日未远，我之诸师，始秦受戒，又之译人、考校者少，先人所传，相承谓是，至澄和上⑥，多所正焉。

余昔在邺，少习其事，未及捡戒，遂遇世乱，每以怏怏，不尽于此。至岁在鹑火，自襄阳至关右⑦，见外国道人昙摩侍，讽阿毗昙，于律持善，遂令凉州沙门佛念写其梵文，道贤为译，慧常笔受，经夏渐冬，其文乃讫。考前常行世戒，其谬多矣，或殊文旨，或粗举意。

昔从武遂法潜得一部戒，其言烦直，意常恨之。而今侍戒，规矩与同，犹如合符，出门应彻（辙）也。然后乃知淡乎无味，乃直道味也。而慊⑧其丁宁文多反复称，即命慧常令斤重去复。

常乃避席谓："大不宜尔！戒犹礼也，礼执而不诵，重先制也，慎举止也。戒乃径广长舌相⑨，三达⑩心制⑪，八辈⑫圣士，珍之宝之。师师相付，一言乖本，有逐无赦，外国持律，其事实尔。此土《尚书》⑬及与河洛⑭，其文朴质，无敢措手，明祇先王之法言，而顺神命也。何至佛戒圣贤所贵，而可改之以从方言乎？恐失四依⑮不严之教也。与其巧便，宁守雅正。译胡为秦，东（束）教之士，犹或非之。愿不刊⑯削以从饰也。"众咸称善。于是按梵文书，唯有言倒时从顺耳。

注释

① 三恶：即三恶道，又称三恶趣。依据所造恶业的大小而趣入三种处所。一、造上等十恶业者趣入地狱道；二、造中等十恶业者趣入饿鬼道；三、造下等十恶业者趣入畜生道。另，"三恶"亦指贪、嗔、痴三毒。

② 齐药病：比喻运用智慧观照（药）来消除诸烦恼（病）。齐通"剂"，调剂。

③ 趾：通"址"，基础也。

④ 不矜不庄：矜，慎重、不苟。庄，庄重、严肃。不矜不庄指不慎重不庄重。

⑤ 隼：一种凶猛的鸟。

⑥ 澄和上：即佛图澄（公元二三二—三四八年），本姓帛，西域龟兹（新疆库车）人。诵经数十万言，善解文意。西晋永嘉四年（公元三一〇年）到洛阳，后深得后赵石勒、石虎信任。大力向民间传布佛教，从其受业的弟子甚多，著名弟子有道安、法雅、法汰、法和等。又重视戒学，平生"酒不逾齿，过中不食，非戒不履"，并以此教授徒众，对古来相传戒律考校甚多。

⑦ 关右：历史上以西为右，关右即关西，函谷关以西之地。

⑧ 慊：通"嫌"，不满意。

⑨ **广长舌相**：佛的三十二相之一。舌大而长，能掩盖脸部至发际，柔软红薄，语必真实。

⑩ **三达**：又作三明、三证法。达于无学位，除尽愚暗，而于三事通达无碍之智明。即（1）宿命智证明。即明白了知我及众生一生乃至百千万亿生之相状之智慧。（2）生死智证明。即了知众生死时生时、善色恶色，或由邪法因缘成就恶行，命终生恶趣之中；或由正法因缘成就善行，命终生善趣中等等生死相状之智慧。（3）漏尽智证明。即了知如实证得四谛之理，解脱漏心，灭除一切烦恼等之智慧。

⑪ **心制**：心制即心戒，制止心念邪非之戒。

⑫ **八辈**：亦称"四向四果""八补特伽罗""八贤圣"等，是小乘佛教的修行果位。具体为：预流向，预流果；一来向，一来果；不还向，不还果；阿罗汉向，阿罗汉果。

⑬ **《尚书》**：亦称《书》《书经》，儒家经典之一。"尚"即"上"，上代以来之书，故名。是上古历史文献和部分追述古代事迹的汇编，相传由孔子编选而成。

⑭ **河、洛**：即河图和洛书，都是一种有数字关系的图案，据说是出于河、洛，故名。汉人认为，伏羲时有龙马出于河，伏羲依其身上的花纹而画八卦；夏禹时有神龟出于洛，禹据其背上的文字而作《尚书·洪范》。

⑮ 四依：即四皈依：皈依佛、皈依法、皈依僧、皈依上师。

⑯ 刊：删改、修订。

译文

　　释迦牟尼佛创立的佛法有三大方面，一是戒律，二是禅定，三是智慧。这三方面是进入佛道的门户，通向涅槃的重关要道。戒律是断除三恶道的主要将领，禅定是断绝意识分散的锐利武器，智慧是调药治病的神妙医师。具备这三方面，对于证取佛道来说何难之有呢？

　　然而运用起来则有次第。不论是在家信徒还是出家僧人，莫不以戒律为修行的始基。为什么呢？因为戒律虽然只是对形体的约束，但形体乃是一切行为的承担者。一刹那间不慎重不严肃，破戒之心就会产生。破戒之心已经产生，而希求不入三恶道，那是前所未闻的。所以佛以戒律为三藏之首。外国重视戒律，每个寺院都设有修持的戒律，每个月都要相互讲论戒律。讲论戒律的那一天，通宵达旦，讽诵律条，深切相教，以相互约束，遵守戒律。如果发现违反戒律者，必受到检举批评，如同鹰隼追捕小鸟一样。佛教的戒法流传到东土的时间不长，东土的法师们从苻秦时才开始接受戒律，加之翻译和考校的人非常少，人们以前人传授的戒律为依准，直到佛图澄和尚来后，才对从前相传的戒律多有考证。

我从前在邺（今河北临漳县西）时对戒律有所修习，但还来不及检校戒律，便遇上战乱，时常叹息未能完成检校戒律之事。到了岁星在鹑火（公元三八三年），从襄阳来到关西，见到外国僧人昙摩侍讽诵阿毗昙，而特别善于讽诵戒律，于是让凉州僧人竺佛念写出梵文，道贤译为汉文，慧常笔受，经历夏天进入冬天，译文乃完成。以此考察从前流行于世的戒律，错误很多，有的是文旨殊异，有的是粗略提出大意。

过去从武遂法潜得到一部戒律，言辞烦琐直朴，心里总有些不满意。而现在昙摩侍所诵戒律的内容规范与此相同，犹如合符、出门应辙一样完全吻合。这才使我知道淡然无味乃是佛道本来的味道。然而又嫌其叮咛的文字多处重复，于是命慧常删去重复。

慧常乃离开席位说："这是很不恰当的！因为戒律如同礼仪，对于礼仪，在于严格执行而不在于口诵，这是尊重先人的规制，使之贯彻在言行举止上。戒律乃是佛的直接真实的告诫，三达的心戒，八种圣者都视之如珍宝。师徒相传，若有一言背离原本，就加以驱逐，不能赦免，这就是外国修持戒律的实际情况。中土的《尚书》以及河图洛书的文辞也是质朴的，而不敢有所更改，这就表明应该尊重先王的真理之言，顺从神的意志。为什么对于圣贤所珍视的佛教戒律却要加以修改，以顺从中国的语言习惯呢？这恐怕要犯四依不严的错误。与其精巧方便，倒不如保持其高雅的原状。把梵文译为汉语，在谨守言教的人中，尚有加以非难的。因此我希望不要进行删削修饰。"大家都称慧常说得好。于是按梵文书写，只是把倒装的语句顺过来罢了！

源流

由于《出三藏记集》是一部综合性的经录，包含了多方面的内容，因而其源流也是多方面的。

首先，以《出三藏记集》的源头而论，其"名录"部分直接导源于东晋释道安的《综理众经目录》，而加以增补扩充。僧祐在此书卷二前序中明确宣称，其《出三藏记集》是效法道安的《旧录》，接续道安的事业而编制的，他说："敢以末学，响附前规，率其管见，接为《新录》"。

据唐代智昇《开元释教录》卷十《叙列古今诸家目录》所列，僧祐以前的历代诸家经录有二十余种，但中国最早的佛教经录，到底起于何时何人，已不可详考。据僧祐和慧皎《高僧传》的记述，推崇《安录》为经录之始。僧祐说："爰自安公，始述'名录'，铨品译才，

标列岁月，妙典可征，实赖伊人。"(《出三藏记集》卷二前序）

又说："大法运流，世移六代，撰注群录，独见安公。"（同上卷四前序）慧皎说："自汉魏迄晋，经来稍多，而传经之人，名字弗说，后人追寻，莫测年代。安乃总集名目，表其时人，诠品新旧，撰为'经录'，众经有据，实由其功。"（《高僧传》卷五《释道安传》）唐代道宣在《众经目录》里评价《安录》说："众经有据，自此而明，在后群录，资而增广。"

由此可见，《安录》在中国佛教经录史上，的确是一部奠基性的经录。

《安录》一卷，原本已佚，但其内容似为《祐录》全部采入。从《祐录》可大体看出《安录》的编撰方法，即把经录分为：一、本录（依译人年代编次，自汉安世高迄西晋末法立，凡著录十七家、二五七部、五〇四卷）；二、失译录（不知译人姓名者，凡一三四种）；三、凉土异经录（五十九部、七十九卷）；四、关中异经录（二十四部、二十四卷）；五、古异经录（选译单篇者，九十二部、九十二卷）；六、疑经录（疑为伪撰者，二十六部、三十卷）；七、注经及杂经录（道安自注经及他人撰述者，十八种、二十七卷）。

《安录》为后世经录奠定了基础，提供了榜样。《安录》之后经录渐多，诸如东晋释道流、竺道祖相继完成的《众经录》、支敏度的《经论都录》、南齐时王宗的《众经目录》、释弘充的《释弘充录》，还有佚名的《众经别录》等。而僧祐的《出三藏记集》则是"遥继《安录》，近接《别录》，囊括一切经录而集大成者"（姚名达《中国目录学史》）。

其次，就《出三藏记集》的流变而言，有三方面：

一、"经录"之流

仅就宋以前的"经录"来看：

梁　　宝唱　　《梁众经目录》四卷（已佚）

北魏　李廓　　《元魏众经目录》一卷（佚）

北齐　法上　　《齐众经目录》一卷（佚）

隋　　彦琮　　《隋众经目录》五卷

隋　　法经等　《隋众经目录》七卷

隋　　费长房　《历代三宝纪》十五卷

隋　　玄琬　　《仁寿内典录》五卷（佚）

唐　　静泰　　《唐众经目录》五卷

唐　　道宣　　《大唐内典录》十卷

唐　　靖迈　　《古今译经图纪》四卷

唐　　明佺　　《武周众经目录》十五卷

唐　　智昇　　《续大唐内典录》一卷

唐　　智昇　　《续古今译经图纪》一卷

唐	智昇	《开元释教录》二十卷
唐	智昇	《开元释教录略书》四卷
唐	圆照	《续开元释教录》二卷
唐	圆照	《贞元释教录》三十卷
唐	恒安	《续贞元释教录》一卷

以上诸家经录以不同的组织形式，集录整理了中土历代各地的佛教译述，各有特色，各具匠心，不能逐一细论。这里仅以法经等人撰的《隋众经目录》、费长房的《历代三宝纪》、道宣的《大唐内典录》、智昇的《开元释教录》四部影响较大的经录为例，略述其因变与特色。

隋开皇十四年法经等二十人奉敕编撰的《众经目录》又称《法经录》，是继《祐录》之后现存较早的经录。此书收录佛经译述二千二百五十七部、五千三百一十卷。此书分两部分，一为"别录"，一为"总录"。

"别录"有九录四十二分。初六录三十六分，即：大乘经录、大乘律录、大乘论录、小乘经录、小乘律录、小乘论录；每录下分为一译（只有一个译本者）、异译（有二个以上译本者）、失译（不知译人姓名者）、别生（抄出部分经文）、疑惑（来历不明可疑者）、伪妄（确定为伪书者）六个方面。后三录六分，集录三藏以外的中西撰述,即:佛灭度后抄集录、佛灭度后传记录、佛灭度后著述录;每录下分为西域贤圣和此方诸德两个方面。

"总录"为《法经录》总目。《法经录》中的一译、异译、失译、别生、疑惑、伪妄之分类,基本是取法于《祐录》,而按佛教的内容(大乘经律论、小乘经律论)来划分译籍,则是对《祐录》分类的发展和提高,为后世经录家所重视和依用;将三藏与三藏以外的撰述分开编列,也是对《祐录》的改进。

费长房的《历代三宝纪》简称《三宝纪》,又称《长房录》,因作于隋开皇十七年(公元五九七年),又称《开皇三宝录》或《三宝录》。其总目序云:"今之所撰集,略准三书以为指南,显兹三宝。……其外傍采隐居历年、国志典坟、僧祐《集记》、诸史传等仅数十家,摘彼翠翎,成斯纪翻",所载"华戎黑白道俗合有一百九十七人,都所出经律戒论传二千一百四十六部、六千二百三十五卷"。

此书分四部分:一为"帝年",按帝王朝代年号,依次记录周秦、两汉、魏、晋、宋、齐、梁、周、隋历年的重要政事或佛教大事,或所出经卷,始于周庄王十年(公元六八七年),迄于隋开皇十七年。是一种佛教大事编年体,此为本书一大特色。

二为"代录",叙述各代译经概况,每卷前有绪论,次列经卷,经卷后附译人略传。盖是变《祐录》的"名录"与"列传"而为一体,以便检阅。

三为"入藏录",集录隋代现存之经书,分为大乘经律论入藏目和小乘经律论入藏目。

四为"总目",包括《总目序》《总目》和历代《经录目录》。此书兼有经录与佛史两重性质,为研究中国佛教史提供不少资料,缺陷是考核不够精审。

《大唐内典录》简称《内典录》,录东汉至唐初十八个朝代,译者二百二十人,经典二千四百八十七部,八千四百七十六卷。其编撰体例有别于前代经录之处。

全书分为十录:一、历代众经传译所从录(与《三宝录》中的"帝年""代录"相仿);二、历代翻本单重人代存亡录;三、历代众经分乘入藏录;四、历代众经举要转读录(举出诸经中最善通行本);五、历代众经有目阙本录;六、历代道俗述作注解录;七、历代诸经支流陈化录;八、历代所出疑伪经论录;九、历代众经录目始终序;十、历代众经应感兴敬录。

此书的长处大约有三:其一,对于一经而有数译本者,皆注明"初出""第二出"等字样,使读者一望而知传译的先后;其二,举出最善通行本,以利读者选择;其三,将汉地历代道俗的撰述列为专录,是其他经录所未有的一个创制。

《开元释教录》简称《开元录》，载录后汉永平十年（公元六十七年）至唐玄宗开元十八年（公元七三〇年），凡十九代、六百六十四年间的佛教译述，"传译缁素总一百七十六人，所出大小二乘三藏圣教，及圣贤集传并及失译，总二千二百七十八部，都合七千四十六卷"（本书序）。本书分两大部分：

第一部分为"总集群经录"，以译人为主，记录汉—唐十九个朝代（汉、魏、吴、晋、东晋、苻秦、姚秦、西秦、前凉、北凉、宋、齐、梁、元魏、高齐、周、陈、隋、唐）所译经典目录及译者传记，最后附诸家目录。其中前凉一代的译述，为此前诸家经录所未载。每个朝代，先记时地、译者人数、译经部数、存亡部数，然后按人记其所出经及传略。

第二部分为"别分乘藏录"，以经为主，分七类：有译有本录、有译无本录、支派别行录、删略繁重录、补阙拾遗录、疑惑再详录、伪妄乱真录。最后还有大乘入藏录、小乘入藏录，收录大小乘经律论及贤圣集传，"总一千七十六部，合五千四十八卷，成四百八十帙"（本书卷十九）。

在"有译有本录"下，分大乘经律论、小乘经律论。把大乘经典分为般若、宝积、大集、华严、涅槃五大部，大乘论书分为释经论、集义论两类；把小乘经分为《长阿含》《中阿含》《增一阿含》《杂阿含》四大部，小乘论分为有部根本身足论和有部及余支派论。《开元录》集前代诸家经录之大成而有创举，其一是对前代经录删其繁重、补其缺漏、订其讹误；其二是分类更趋于绵密和科学，其大乘经五大部、小乘经四大部之划分，成为后世经录的依规，宋以后的大藏经也都是依此分类编目的。

《开元录》的缺憾，主要是只注重翻译，而忽略本土著述，因而中土历史上很多著名高僧的撰述（如僧肇四论、道世的《法苑珠林》等）被删除。

二、"列传"之流

在经录书中列入高僧传记，是僧祐的首创，这种方法被《历代三宝纪》《开元释教录》等以不同的方式所采用。此外，僧祐列传的资料，被其弟子宝唱的《名僧传》以及慧皎的《高僧传》所采录。《名僧传》早佚，现依日本释宗性于一二三五年摘录的总目录和部分传记，可知其概略。《高僧传》将列传中三十二人的僧传全部采录，分别列入《译经篇》和《义解篇》中。

《高僧传》十四卷，收录"正传"二五七人，"附见"（正传中涉及的僧人）二五九人，分别归入《译经》《义解》《神异》《习禅》《明律》《忘身》《诵经》《兴福》

《经师》《唱导》十大类别中。这种分类形式一直影响于后世，被唐代道宣的《续高僧传》（又称《唐高僧传》）、宋代赞宁的《宋高僧传》等僧传所依用。

三、"经序"之流

在经录里收录"经序"是僧祐的独创。这一作法虽然未被后世佛教经录所因循，却被俗书所效法。近世著名史学家陈垣在其著《中国佛教史籍概论》中指出："本书之特色，全在第三方式之'经序'，为其他经目所未有，可以考知各译经之经过及内容，与后来书录解题、书目提要等用处无异。……朱彝尊撰《经义考》，每经录其前序及后跋，即取法于此。《四库提要》释家类，谓其取法《开元释教录》者，非也。……严可均辑《全南北朝文》，将此书七卷全数采取，散入南北朝文中，可谓探骊而得其珠矣。文廷式《补晋书艺文志》释家类，大抵采自此书。"

解说

本书选译了三十一篇序文，其中一篇是僧祐的《〈出三藏记集〉序》；其他三十篇是魏晋南北朝时期的著名佛学家康僧会、释道安、谢敷、释僧叡、支道林、释慧观、释僧肇、释道朗、释慧远、释僧祐、刘虬、昙影及未详作者等僧俗十余人，为二十余种佛经所作的经序。

僧祐的《〈出三藏记集〉序》，主要概述了他编撰此书的缘由，以及此书的内容结构。首先，僧祐略述了佛教三藏十二部的缘起和经过。其次，僧祐通过对佛教在中土弘传史的回顾，提出了"道由人弘，法待缘显"的思想。他认为佛道自行运化于世，必须具备两个条件：一是要由人来弘扬，"有道无人，虽文存而莫悟"；二是有待于时机（即社会的经济、政治、文化条件）的出现，"有法无缘，虽并世而弗闻，闻法资乎时来，悟道借于机至,机至然后理感,时来然后化通矣"。

　　僧祐的这一见解,确乎规律之谈,佛教的弘传与隆盛,不仅在古代需要这两个基本条件,就是现在和今后也需要这两个基本条件,不仅佛教文化如此,其他社会文化也不例外。接着,僧祐叙述了佛经在中土传译过程中,由于多种客观和主观原因所致,出现的异译、重译、失译等问题,因而有必要对已有的译述进行综合考订、探讨源流、撰制"经录",使后人对佛教的译传有清楚地了解。这就是撰制《出三藏记集》的缘由和目的所在。

　　最后,僧祐叙述了《出三藏记集》的内容结构和编撰的态度。他指出,在编撰过程中,广泛地参验佛教内外书籍文献和前人的记载传闻,对有确实证据的,就记录下来;对无确实证据的,就阙而不录。总之,"志存信史""事取实录"。表现出僧祐以史实为依准,实事求是,一丝不苟,负责的治学态度。这种治学态度,体现了佛教以追求真如实相为标的的根本精神。

　　未详作者的《〈四十二章经〉序》,记述了第一部汉译佛经传入中土的经过,从中可以看到当时的人们是如何理解"佛"的。汉代由于神仙道术的流行,所以汉明帝及其大臣们就把佛想象为与神仙的特点相类似的"神人"。这说明,对一种异质文化的理解和诠释,总是基于现有的文化背景，而社会文化总是在流变的，因而理解和诠释永远是一个历史的过程，永远也没有止境。人们对佛教义理的理解和诠释，永远也不会结束。

《安般守意经》是东汉安世高传译的，专讲小乘禅定的经典，为魏晋时修习禅定的基本典据，受到高度重视，康僧会、释道安、谢敷相继为之作"序"。他们的序各有特点，表达了各自对"安般守意"的理解和观点。

康僧会的序，依据《安般守意经》，比较具体地论述了安般守意的作用、步骤和效果。他说，安般是把世间沉浮不定的受苦众生，运载到彼岸世界的大车船，其具体方法和步骤为"数""随""止""观""还""净"之"六事"和"四禅"；其作用在于收敛意念，制伏情欲，使内心清明，根除一切欲念的种子；依此修行，可以获得种种不可思议的神奇功德。《安般守意经》的译文质朴，不易理解，看了康僧会的序，也就容易理解了；了解了《安般守意经》，也就大致了解了魏晋时期流传的小乘佛教的基本禅法。

释道安的序，运用"无为""无欲""彼我双废"等概念来阐明安般守意的禅定境界，主张"执寂以御有，策本以动末"的修行方法，明显地表现出老庄玄学思想理路的痕迹。

谢敷的序,则明显地表现出以"慧"为本的南方禅风。谢敷认为,有一种人闭目塞听,专门追求禅定中的奇妙境界,其结果白白消磨了时光,仍不能摆脱烦恼的缠缚和业报轮回之苦,其原因就是"无慧乐定"造成的。而以慧入定有三种人,即声闻乘、缘觉乘、菩萨乘。菩萨乘深知万法皆因缘所成、本自空寂的道理,所以不离开万有,亦不追求空寂,而是顺应万有而把握空寂,这样就没有系缚,不离万有而自然解脱。

谢敷进而主张,如果真的领会了佛教的要领,一接触事物就能领悟其本自空寂之理,那么就不必"假外以静内""因禅而成慧"了,也没有必要遵循四禅的修持次第。他还以耘耨净地和划尘明镜为喻,说明"定"是手段,"慧"是目的,而所谓"慧",就是达到精神的自在和玄冥。这里,谢敷实际上是在阐发大乘禅法思想,而其以慧为本,"不假外以静内,不因禅而成慧"的主张,已成为唐初兴盛的禅宗慧能学派主张的先声。

《阴持入经》和《人本欲生经》亦为安世高所译,道安为之注义并作序。《〈阴持入经〉序》主要说明世人对五阴、十二入、十八持的无知和执着,是放纵情欲、追求享受而陷入"三恶趣"(地狱、饿鬼、畜生)的深重病根;释迦为拔除世人的病根,开出了各种良药,这就是各种佛经;《阴持入经》是高明之士对佛经的荟萃选编；其修行主要是通过止观洞照苦因（阴、持、入的聚合），达到对"四谛"的认识，接受佛教的真理而得解脱。

道安在《〈人本欲生经〉序》中，首先对经名做了解释；其次指出此经的要点在于以四谛鉴察九有情居，以八解对治八邪；最后表白他所欣赏的是此经中"三观"的妙理和"想灭"（即以观想灭妄念）的论述。

道安的《〈道行经〉序》和《合放光光赞略解序》，叙述了竺朔佛传译的《道行般若经》、无罗叉和竺叔兰共译出的《放光般若经》及竺法护译出的《光赞般若经》的传译经过，表达了他对译本的看法，他赞成全译而不赞成节译，认为"抄经删削，所害必多，委本从圣，乃佛至戒"。

道安是一位博学的佛教大师，大小乘兼习，而尤重般若学，在此二序中，道安阐发了他的般若思想。他认为空无是宇宙万有的真性，《般若经》的每一章都是在宣说空无之理，建立了这种空观，对于三十万言的《般若经》，就"如视诸掌"；"般若"是一种至极的智慧，是一切佛的宗旨，是成法身、证真如、游法性的根本，其特点是彻底的虚寂清净、无名无形、离有离无及离一切规定性，周遍万法，恒常自在，是"常道""真慧"；修习般若，就是要获得这种智慧，达到这种境界。

《〈首楞严三昧经〉注序》的作者不详。此序对经名的含义"勇猛伏定意"做了具体解释，着重说明了禅定中的诸佛菩萨的法身，具有不为而务成、虽寂而能应、身充宇宙而无所分、弃照而照弘等等神通。值得注意的是，此序作者先于竺道生而提出了至理不可分的思想，此外还提出了后来成为道教重要范畴的"重玄"概念。

　　《〈法句经〉序》的作者未详。作者在序中解释了此经的名义及来历；叙述了此经在中土译传的经过情况；提出了翻译佛经的标准问题，主张译文应该不丧失原经义理，语言明白易懂，而不追求语法的严密和言辞的美妙；指出此经在印度是初学佛教者的启蒙经典。

　　《〈摩诃钵罗若波罗蜜经抄〉序》是道安法师撰。道安在此序里，总结出了由于地域、时代、语言、文风、习俗等差异，在译经时必然出现的"五失本"和"三不易"。因此，道安强调译经必须慎之又慎，他推崇支谶、安世高的译风，主张如实直译，不加修饰删削，认为修饰删削是弄巧成拙，如同"窍成而混沌终"。

　　道安"五失本""三不易"之论，发前人所未发，唐代译经大师玄奘提出并强调"五种不翻"（秘密者不翻、含多义者不翻、此土无有者不翻、顺于古例者不翻、生善者不翻），前后呼应，足见译经之不易与古代佛学家对佛经的审慎态度。

《〈大品经〉序》是释僧叡撰。此序叙述了《大品经》(即《摩诃般若波罗蜜经》)翻译的经过,对经名和主要篇章的意蕴做了说明。认为作为《摩诃般若波罗蜜》的意译"大、慧、度",只是借名喻义,其义理不是有限的思唯活动能够把握的("虽义涉有流,而诣得非心"),因此修习此经,必须"宗以非心",即以"无照为本""不住为始""无得为终"。

《大小品对比要抄序》是支道林作。支道林,即支遁,东晋时期般若学"即色"派的代表人物,此序是现存的支道林的主要著作,集中地反映了他的般若思想特色。他在此序中表达的般若思想是:

一、"至无空豁,廓然无物"是《般若经》的思想精要和旨趣,佛教修行中的一切智慧和功德由此产生。

二、"至无"即是"至理",是"道之体",但非独立之物,无迹象可言。

三、修习般若不是追求那个"至无""至理";而是忘却"至无""至理",同时忘却有,"二迹无寄,无有冥尽",然后因万物之自然,与之"玄同"。这和玄学家郭象所说的"既忘其迹,又忘其所以迹者,内不觉其一身,外不识有天地,然后旷然与变化为体,而无不通也"(郭象《庄子·大宗师注》),其思想基本一致。

四、由于众生天分(根机)有愚敏,觉悟有迟速,因此释迦佛的言教有繁简,《般若经》大小品的经文有多少之别,但都出于同一梵文原本,宗旨没有大小不同,"明宗统一,会致不异"。

《〈法华宗要〉序》是释慧观撰。《法华宗要》是释慧观对《法华经》的摘要。《法华经》全称《妙法莲华经》。慧观此序指出:妙法即微妙佛法之义,在此经中,释迦佛既随众机方便说法,又开示根本实相,从而使声闻、缘觉、菩萨三乘并进,汇归一致,成为一乘,充分显示了释迦佛的微妙智慧,故称"妙法";众花之中,莲花最美,莲花中,盛开的白莲花最秀,故以此经喻白莲花,以示微妙至极,至高无上之义。

《〈法华经〉后序》是僧叡法师撰。僧叡在此序中认为,把佛经比作莲花,是喻示它能结出佛果,莲花未开时喻声闻、缘觉二乘未开悟,莲花将谢时喻寂灭入涅槃,莲花盛开时即喻此经。僧叡还认为,般若诸经虽然义理宏富,但基本是方便应化的说法,对真如实相开示不够,而《法华经》正好弥补了这一不足。

《〈维摩诘经〉序》是释僧肇撰。《维摩诘经》又曾译为《维摩诘说不思议法门经》,僧肇为之注解并制序。此序归纳此经的要义为以善权方便和智慧来统率一切修行,以六度来建立功德,以慈悲来拯救迷蒙的众生,以不二法门来显示宗极,这些就是不思议法门的基本方面。由于《维摩诘经》所展示的是一个具有极高的佛教修养境界，又不脱离尘世生活的形象，或者说是具有高僧境界名士风度的双重性格的形象，因而受到历代知识分子的欣赏。

《〈毗摩罗诘堤经义疏〉序》是僧叡法师撰。《毗摩罗诘堤经》即《维摩诘经》，僧叡为之注疏并制序。此序认为，鸠摩罗什以前的各种《维摩诘经》译本，有许多名词译得不合原意，而罗什的译本将之纠正过来了。此序还对当时的般若学六家七宗做了评论，说"六家偏而不即"，其中只有道安主张的"性空之宗，以今验之，最得其实"，但离原本的般若理论仍稍有差距。并指出其原因是《中论》《百论》等有关的般若经论，没有系统地翻译出来，人们缺乏借鉴，所以不能全面准确地理解般若理论。

《〈大涅槃经〉序》是释道朗作。此序叙述了《涅槃经》在中土的传译过程，并追述了此经在印度的沉浮情况；勾画了此经的基本要义，指出此经的主旨在宣说"常、乐、我、净"。

《〈长阿含经〉序》是释僧肇作。此序记载了《长阿含经》的传诵者（佛陀耶舍）、翻译者（竺佛念）和翻译的时地（后秦弘始十五年于姚爽宅第）；指出了此经的性质（属契经）和名义（阿含义为"法归"，总持万法之义；记述长远之事，故名为"长"）。

《关中出〈禅经〉序》是僧叡法师作。关中出《禅经》即罗什译《坐禅三昧经》。僧叡在序中叙述了此经的来历，强调指出"质微则势重，质重则势微"，"心无形，故力无上"；由此而提出了禅智并修互成，而全靠"心力"的思想。

《庐山出〈修行方便禅经〉统序》是释慧远撰。慧远在此序中首先论述了禅定与智慧的关系，认为禅智也就是寂照，二者是"相济""不离"的，"禅非智无以穷其寂，智非禅无以深其照"，"照不离寂，寂不离照"，二者同时发挥作用，其特点是"无思无为，而无不为"；其次阐述了五部禅法的来历和要义；最后说明《修行方便禅经》是由达摩多罗与佛大先传入中土的，但二人所主张的禅法有所不同，达摩多罗强调万法一色和色即如的观法，佛大先则主张循序渐进以及对五阴、十八界、十二因缘的观照。

《〈贤愚经〉记》是释僧祐新撰。此序记述了《贤愚经》的由来和编集过程，说明了此经的内涵是讲述诸菩萨的本生故事，以譬喻的方式辨明善恶贤愚，故取名《贤愚经》。

《〈无量义经〉序》是荆州隐士刘虬作。此序记载了《无量义经》传世的经过，即武当山比丘慧表从昙摩伽陀耶舍得之；认为释迦佛依众生根机说法，而有七个阶次，《无量义经》是第五阶段的说教，此经宣说的是由渐修达到对真如实相的悟入；由此，此序特别论述了当时主张渐修和主张顿悟的理论根据，讲述了支遁、道安和道生的观点，而刘虬的观点则是"微文接粗，渐说或允；忘象得意，顿义为长"，即认为渐、顿二说各有其合理性。刘虬此序对于我们了解和评论历史上的顿渐之争，是很有帮助的。

《〈大智释论〉序》是释僧叡撰。此序讲述了龙树造《大智释论》的时代背景（像法末期）和目的（破除邪说妄见）；指出此论的论说特点是有破有立，以"无执"为"尽善"；记录了此论翻译的经过和盛况。

《〈中论〉序第一》是释僧叡撰。此序认为，龙树造《中论》的目的在于"一道俗"（统一佛道与世俗）、"泯二际"（泯灭生死与涅槃的差别），破除内心滞着一边的边见（祛内以流滞）；并指出青目对《中论》的注疏"辞不雅中"，有"乖阙烦重"处，罗什在翻译时做了删饰。

《〈中论〉序第二》是昙影法师撰。昙影在本序中认为，佛教的修行在于以主体之"无心"契宗极之"无相"，而佛的种种法数名相及空有之说，都是应机之说法，但世人迷妄，或执有，或执空，陷入边见；因此，龙树造《中论》以破边见，贯通于《中论》的主旨就是"会通二谛"（真谛之空观与俗谛之有见），泯除有无、常断等边见，故称为《中论》。

《〈百论〉序》是释僧肇撰。僧肇此序叙述了提婆撰制《百论》及世亲注释《百论》的历史缘由；指出此论因有一百偈，故名《百论》，其论辩特点是"言而无当，破而无执"。

《〈十二门论〉序》是僧叡法师撰。此序解释《十二门论》的名义，认为"十二门"是对佛教众多法门的概括，其要义在"有无兼畅""筌我兼忘"，而达于实相。

《〈比丘尼戒本所出本末〉序》的作者未详。此序叙述了外国妇女修持比丘尼戒和比丘尼戒在中国初传的情况；论述了息淫在于"解色"，不在"止冶容"，即持戒的关键在于修不净观等观法，而不在于逃避外界环境的思想。

《〈比丘大戒〉序》释道安作。此序叙述了此戒本在中土传译的经过；认为戒、定、慧是佛教的三大组成部分，是达到涅槃的要道，三者各有其功能，而"戒"则是全部修行的始基，是"三藏之首"。

以上对三十一篇序文的内容逐一做了考察，虽然有些烦琐，但能了知各序的要点。通过以上考察，可以看出：

一、如前所述，序文记载了所序经典传译的时间、地点、译传者、译风和经过，是我们研究佛经译传史的原始依据。

二、序文提出和概述了所序佛经的要义和精神，实为经典提要，读其序便可知所序佛经之梗概，若读其序览其经，更能全面深入地理解佛经的内容和要旨所在。

三、序文中常载有对传译者的学养、思想和风度的评论，同时，序文本身也是序者学养、思想和意趣的显现。因此序文也是研究古代佛教人物的可贵资料。

四、序文对所序经典的提示，代表了那个时代的佛教学者，对佛经的理解程度和佛学水平，从中可窥见中印思想文化会通的历史轨迹，因而是研究中印文化互融、佛教中国化历程的宝贵文献。

附录

《出三藏记集》总目录

卷第一

《出三藏记集序》
《集三藏缘记》第一
《十诵律五百罗汉出三藏记》第二
《菩萨处胎经出八藏记》第三
《胡汉译经文字音义同异记》第四
《前后出经异记》第五

卷第二

《新集撰出经律论录》第一
《新集条解异出经录》第二
《新集表序四部律录》第三（阙）

卷第三

《新集安公古异经录》第一
《新集安公失译经录》第二
《新集安公凉土异经录》第三
《新集安公关中异经录》第四
《新集律分为五部记录》第五
《新集律分为十八部记录》第六
《新集律来汉地四部记录》第七

卷第四

《新集续撰失译杂经录》第一

卷第五

《新集抄经录》第一
《新集安公疑经录》第二
《新集疑经伪撰杂录》第三
《新集安公注经及杂经志录》第四
《小乘迷学竺法度造异仪记》第五
《长安叡法师喻疑》第六

卷第六

《四十二章经序》第一	未详作者
《安般守意经序》第二	康僧会
《安般注序》第三	释道安
《安般守意经序》第四	谢敷作
《阴持入经序》第五	释道安
《人本欲生经序》第六	释道安
《了本生死经序》第七	释道安
《十二门经序》第八	释道安
《大十二门经序》第九	释道安
《法镜经序》第十	康僧会

卷第七

《道行经序》第一　　　　　　　　　释道安
《道行经后记》第二　　　　　　　未详作者
《放光经记》第三　　　　　　　　未详作者
《合放光光赞略解序》第四　　　　释道安
《须真天子经记》第五　　　　　　未详作者
《普曜经记》第六　　　　　　　　未详作者
《贤劫经记》第七　　　　　　　　未详作者
《般舟三昧经记》第八　　　　　　未详作者
《首楞严三昧经注序》第九　　　　未详作者
《合首楞严经记》第十　　　　　　支敏度
《首楞严经后记》第十一　　　　　未详作者
《新出首楞严经序》第十二　　　　释弘充
《法句经序》第十三　　　　　　　未详作者
《阿维越致遮经记》第十四　　　　出经后记
《魔逆经记》第十五　　　　　　　出经后记
《慧印三昧及济方等学二经序赞》第十六　王僧孺撰
《圣法印经记》第十七　　　　　　出经后记
《文殊师利净律经记》第十八　　　（作者阙载）
《王子法益坏目因缘经序》第十九　竺佛念造
《合微密持经记》第二十　　　　　支恭明作

卷第八

《摩诃钵罗若波罗蜜经抄序》第一	释道安
《大品经序》第二	长安释僧叡
《注解大品序》第三	大梁皇帝
《小品经序》第四	释僧叡作
《大小品对比要抄序》第五	支道林作
《正法华经记》第六	出经后记
《正法华经后记》第七	未详作者
《法华宗要序》第八	释慧观
《法华经后序》第九	长安释僧叡
《持心经后记》第十	出经后记
《思益经序》第十一	长安释僧叡
《维摩诘经序》第十二	释僧肇
《合维摩诘经序》第十三	支敏度作
《毗摩罗诘堤经义疏序》第十四	长安释僧叡
《自在王经后序》第十五	长安释僧叡
《大涅槃经序》第十六	凉州释道朗作
《大涅槃经记序》第十七	未详作者
《六卷泥洹经记》第十八	出经后记
《二十卷泥洹经记》第十九	出智猛《游外国传》

卷第九

《华严经记》第一　　　　　　　　出经后记
《十住经含注序》第二　　　　　　释僧卫作
《渐备经十住胡名并书叙》第三　　未详作者
《菩萨善戒菩萨地持二经记》第四　僧祐撰
《大集虚空藏无尽意三经记》第五　僧祐撰
《如来大哀经记》第六　　　　　　未详作者
《长阿含经序》第七　　　　　　　释僧肇作
《中阿含经序》第八　　　　　　　释道慈
《增一阿含经序》第九　　　　　　释道安作
《四阿含暮抄序》第十　　　　　　未详作者
《优婆塞戒经记》第十一　　　　　出经后记
《菩提经注序》第十二　　　　　　释僧馥
《关中出禅经序》第十三　　　　　释僧叡
《庐山出修行方便禅经统序》第十四　释慧远
《禅要秘密治病经记》第十五　　　出经后记
《修行地不净观经序》第十六　　　释慧观
《胜鬘经序》第十七　　　　　　　释慧观作
《胜鬘经序》第十八　　　　　　　慈法师
《文殊师利发愿经记》第十九　　　出经后记
《贤愚经记》第二十　　　　　　　释僧祐新撰

《八吉祥经后记》第二十一　　　　　出经后记
《无量义经序》第二十二　　　　　　荆州隐士刘虬作
《譬喻经序》第二十三　　　　　　　康法邃造
《百句譬喻经前记》第二十四　　　　出经前记

卷第十

《道地经序》第一　　　　　　　　　释道安
《沙弥十慧章句序》第二　　　　　　严阿阇梨浮调所造
《十法句义经序》第三　　　　　　　释道安
《三十七品经序》第四　　　　　　　沙门竺昙无兰撰
《舍利弗阿毗昙序》第五　　　　　　释道摽
《僧伽罗刹经序》第六　　　　　　　未详作者
《僧伽罗刹集经后记》第七　　　　　未详作者
《婆须蜜集序》第八　　　　　　　　未详作者
《阿毗昙序》第九　　　　　　　　　释道安
《阿毗昙心序》第十　　　　　　　　未详作者
《阿毗昙心序》第十一　　　　　　　释慧远
《三法度经序》第十二　　　　　　　释慧远
《三法度经记》第十三　　　　　　　出经后（记）
《八犍度阿毗昙根犍度后别记》第十四　　未详作者
《十四卷鞞婆沙序》第十五　　　　　释道安

《六十卷毗婆沙经序》第十六　　　　释道挺作

《杂阿毗昙心序》第十七　　　　　未详作者

《后出杂心序》第十八　　　　　　释焦镜

《大智释论序》第十九　　　　　　释僧叡

《大智论记》第二十　　　　　　　出论后（记）

《大智论抄序》第二十一　　　　　释慧远作

卷第十一

《中论序》第一　　　　　　　　　长安释僧叡

《中论序》第二　　　　　　　　　昙影法师

《百论序》第三　　　　　　　　　长安释僧肇

《十二门论序》第四　　　　　　　长安释僧叡

《成实论记》第五　　　　　　　　出论后（记）

《略成实论记》第六　　　　　　　新撰

《抄成实论序》第七　　　　　　　周颙作

《诃梨跋摩传》第八　　　　　　　江陵玄畅作

《菩萨波罗提木叉后记》第九　　　未详作者

《比丘尼戒本所出本末序》第十　　（出戒前记）

《比丘大戒序》第十一　　　　　　释道安作

《大比丘二百六十戒三部合异序》第十二　竺昙无兰

《并杂事共卷前、中、后三记》第十三　作者未详

《摩得勒伽后记》第十四　　　　　出经后记

《善见律毗婆沙记》第十五　　　　出律前记

《千佛名号序》第十六　　　　　　沙门竺昙无兰抄

卷第十二

《宋明帝敕中书侍郎陆澄撰法论目录序》第一

《齐太宰竟陵文宣王法集录序》第二

《齐竟陵王世子抚军巴陵王法集序》（原录阙，据正文补）

《释僧祐法集总目录序》第三

《释迦谱记目录序》第四

《世界记目录序》第五

《萨婆多部师资记目录序》第六

《法苑目录序》第七

《弘明集目录序》第八

《十诵律义记目录序》第九

《法集杂记铭目录序》第十

卷第十三

《安世高传》第一

《支谶传》第二
《安玄传》第三
《康僧会传》第四
《朱士行传》第五
《支谦传》第六
《竺法护传》第七
《竺叔兰传》第八
《尸梨蜜传》第九
《僧伽跋澄传》第十
《昙摩难提传》第十一
《僧伽提婆传》第十二

卷第十四

《鸠摩罗什传》第一
《佛陀耶舍传》第二
《昙无谶传》第三
《佛驮跋陀传》第四
《求那跋摩传》第五
《僧伽跋摩传》第六
《昙摩蜜多传》第七
《求那跋陀罗传》第八

《沮渠安阳侯传》第九
《求那毗地传》第十

卷第十五

《法祖法师传》第一
《道安法师传》第二
《慧远法师传》第三
《道生法师传》第四
《佛念法师传》第五
《法显法师传》第六
《智严法师传》第七
《宝云法师传》第八
《智猛法师传》第九
《法勇法师传》第十

参考书目

1.《佛学研究十八篇》 梁启超著 中华书局 一九八九年影印版

2.《汉魏两晋南北朝佛教史》(上、下册) 汤用彤著 中华书局 一九八三年版

3.《中国佛学源流略讲》 吕澂著 中华书局 一九七九年版

4.《佛学大辞典》 丁福保编 文物出版社 一九八四年影印版

5.《中国佛教史籍概论》 陈垣著 中华书局 一九八八年第三版

6.《中国佛教》(一、二、三、四册) 中国佛教协会编 知识出版社 一九八〇——一九八九年版

7.《中国佛教史》(一、二、三册) 任继愈主编

中国社会科学出版社　一九八一——一九八八年版

　　8.《汉魏两晋南北朝佛教》　郭朋著　齐鲁书社一九八六年版

　　9.《魏晋南北朝佛教论丛》　方立天著　中华书局一九八二年版

　　10.《中国佛性论》　赖永海著　上海人民出版社一九八八年版

　　11.《十大名僧》　洪修平等著　上海古籍出版社一九九〇年版

出版后记

星云大师说："我童年出家的栖霞寺里面，有一座庄严的藏经楼，楼上收藏佛经，楼下是法堂，平常如同圣地一般，戒备森严，不准亲近一步。后来好不容易有机缘进到藏经楼，见到那些经书，大都是木刻本，既没有分段也没有标点，有如天书，当然我是看不懂的。"大师忧心《大藏经》卷帙浩繁，又藏于深山宝刹，平常百姓只能望藏兴叹；藏海无边，文辞古朴，亦让人望文却步。在大师倡导主持下，集合两岸近百位学者，经五年之努力，终于编修了这部多层次、多角度、全面反映佛教文化的白话精华大藏经——《中国佛教经典宝藏》，将佛教深睿的奥义妙法通俗地再现今世，为现代人提供学佛求法的方便途径。

完整地引进《中国佛教经典宝藏》是我们的夙愿，

三年来，我们组织了简体字版的编审委员会，编订了详细精当的《编辑手册》，吸收了近二十年来佛学研究的新成果，对整套丛书重新编审编校。需要说明的是此次出版将丛书名更改为《中国佛学经典宝藏》。

　　佛曰：一旦起心动念，也就有了因果。三年的不懈努力，终于功德圆满。一百三十二册，精校精勘，美轮美奂。翰墨书香，融入经藏智慧；典雅庄严，裹沁着玄妙法门。我们相信，大师与经藏的智慧一定能普应于世，济助众生。

东方出版社